중급 학습자를 위한

TOPIK
어휘·문법 다지기

―――――

지은이

우송대학교 한국어교육원 초빙교수

강지영·윤남희·임근영·문진형

―――――

감수

우송대학교 한국어교육원 초빙교수

임명옥

중급 학습자를 위한
TOPIK
어휘·문법 다지기

초판 1쇄 발행   2013년 2월 22일
초판 10쇄 발행   2026년 2월 27일

지 은 이 　 강지영 외
펴 낸 이 　 박찬익
편 집 장 　 김려생
책임편집 　 김정연
펴 낸 곳 　 도서출판 박이정
주 　 소 　 경기도 하남시 조정대로45 미사센텀비즈 8층 F827호
전 　 화 　 031)792-1195
팩 　 스 　 02)928-4683
홈페이지 　 www.pijbook.com
이 메 일 　 pijbook@naver.com
등 　 록 　 1991년 3월 12일 제1-1182호

ISBN 978-89-6292-370-4(13710)
*책 값은 뒤표지에 있습니다.

중급 학습자를 위한

TOPIK
어휘·문법 다지기

강지영·윤남희·임근영·문진형 지음

임명옥 감수

도서
출판 박이정

  본 교재는 중급 과정을 공부하는 학습자들을 대상으로 어휘?문법 실력을 향상시켜 한국어능력시험(TOPIK)을 보다 효율적으로 준비할 수 있도록 집필하였다.

  본 교재의 가장 큰 특징은 어휘?문법의 쓰임을 익혀서 언어학습의 기본을 다지게 했다는 점이다. 어휘는 품사별, 문법은 항목별로 구분하여 제시함으로써 어휘?문법의 체계를 정립하고 나아가 다양한 예문과 반복 연습을 통해 실질적으로 활용할 수 있게 하였다. 또한 3개 과마다 제시된 형성평가는 복습과 평가의 기능을 하도록 하였다.

  교재는 총 12과와 4회의 형성평가, 부록으로 구성되었고 각 단원의 구성은 아래와 같다.

✣ 어휘 / 문법 알기

  각 과의 목표 어휘 · 문법은 예문을 통해 그 의미와 사용 상황을 유추하도록 하였다. 어휘는 유의어, 반의어, 다의어 · 동음이의어를 제시함으로써 어휘 확장을 할 수 있도록 유도하였다. 문법의 경우 설명과 예문을 추가하여 의미와 제약을 이해할 수 있도록 하였다.

  또한 중급 필수 문법은 별도 표기(★★★)를 하여서 강조하였다.

✣ 문법 좀 더 알아보기

  문법에 대한 보충 설명과 유사한 문법을 비교해 놓았다. 상황에 따른 문법의 의미와 기능이 유사한 문법은 문장을 통해 학습할 수 있도록 예문을 제시하였다.

✣ 속담 및 관용 표현

  속담 및 관용 표현은 그림과 대화문을 통해 해당 속담의 뜻을 유추해 볼 수 있도록 했다. 나아가 학습자들이 흥미를 갖고 학습하고 활용할 수 있도록 친숙한 대화 내용을 제시했다.

⚜ 어휘/문법 연습

어휘는 문장을 통해 의미를 파악할 수 있도록 하였다. 문법은 상황(그림)과 다양한 유형의 문제를 통해 정확한 쓰임을 익히고 활용할 수 있게 하였다.

⚜ 어휘/문법 문제1

문제를 통해 어휘 · 문법의 의미를 정확하게 이해하고, 상황에 맞게 사용할 수 있는지를 재점검하는 단계이다.

특히 문제는 필수 문법 중심으로 출제하여 문법을 자연스럽게 활용할 수 있을 정도의 수준에 도달 할 수 있게 했다.

⚜ 문법 문제2

문법의 심화 단계로 필수 문법과 그 밖의 문법을 포함한 문제를 제시하였다. 학습자는 매 과에 제시된 문법을 포괄적으로 정리할 수 있을 것이다.

⚜ TOPIK 어휘/문법 형성평가

세 단원에서 배운 어휘 · 문법을 통합한 문제를 제시하여 스스로 학습 상황을 진단해 보도록 하였다. 이 단계를 통해 중급 실력으로 향상되었는지를 확인할 수 있을 것이다.

⚜ 부록

'불규칙', '사동 · 피동', '간접화법'을 정리하였다.

차례

1과	〈어휘〉 동사 1	10
	〈문법〉 원인, 이유	14
2과	〈어휘〉 명사 1	28
	〈문법〉 양보, 조건	32
3과	〈어휘〉 형용사 1	44
	〈문법〉 간접 화법, 정도비교, 기회	48
〈 1회 TOPIK 어휘 문법 형성평가〉		60
4과	〈어휘〉 부사 1	66
	〈문법〉 피동, 강조, 완료, 순차	70
5과	〈어휘〉 동사 2	84
	〈문법〉 사동, 유지, 지속, 의도, 바람	88
6과	〈어휘〉 명사 2	100
	〈문법〉 한정, 추가, 목적	104
〈 2회 TOPIK 어휘 문법 형성평가〉		116

| 7과 |	〈어휘〉 형용사 2	122
	〈문법〉 판단, 인식, 선택, 순리	126
| 8과 |	〈어휘〉 부사 2	140
	〈문법〉 추측, 기준, 근거	144
| 9과 |	〈어휘〉 동사 3	158
	〈문법〉 회상, 전환, 변화, 가능성	162

〈 3회 TOPIK 어휘 문법 형성평가〉 174

| 10과 |	〈어휘〉 형용사 3	180
	〈문법〉 부정, 전부, 차선, 시기, 경과	184
| 11과 |	〈어휘〉 부사 3	198
	〈문법〉 반복, 진행, 명사절, 기타1	202
| 12과 |	〈어휘〉 동사 4	216
	〈문법〉 화제 전환, 후회, 기타2	220

〈 4회 TOPIK 어휘 문법 형성평가〉 231

부록　238　　　　정답　250

CHAPTER

01

어휘 ▶▶ 동사 1

문법 ▶▶ 원인 · 이유

01 –느라고
02 –기에/길래
03 –는 바람에
04 –(으)ㄴ/는 덕분에
05 –(으)ㄴ/는 탓에
06 –(으)ㄴ/는 통에
07 –(으)ㄴ 나머지
08 –아/어서 그런지/–아/어서인지
09 –(으)로 인해(서)
10 –아/어 가지고
11 –(으)므로
12 –(으)ㄴ/는 만큼

어휘-동사 1

❖ 어휘알기

생기다	중학교 때부터 메모하는 버릇이 **생겼다**.
모자라다	돈이 **모자라서** 친구에게 빌렸다.
나누다	일하고 받은 돈을 세 명이 똑같이 **나누었다**.
알아듣다	선생님께서 하신 말씀을 나만 못 **알아들었다**.
놓치다	친구가 어깨를 치는 바람에 들고 있던 커피 잔을 **놓쳤다**.
당기다	이 문은 **당겨서** 열어야 한다.
키우다	나는 강아지를 두 마리 **키우고** 있다.
빼다	차를 **빼러** 지하 주차장으로 갔다.
마치다	한국어 수업을 **마치고** 친구를 만났다.
정하다	친구와 전화로 약속 시간을 **정했다**.
얻다	이번 일을 통해서 많은 교훈을 **얻었다**.
막다	음악이 너무 시끄러워서 손으로 귀를 **막았다**.
미루다	일이 많아서 여행을 다음 달로 **미루기로** 했다.
아끼다	부모님께서 주신 용돈을 **아껴** 써야 한다.
구하다	졸업하고 직장을 **구하고** 있다.

연습1

※ 다음 (   )에 들어갈 단어를 〈보기〉에서 골라 문장을 완성하십시오.

> **보기**　　알아듣다　　얻다　　막다　　마치다　　놓치다　　아끼다

1) 에너지를 (   ) 위해 에어컨 대신 선풍기를 사용하기로 했다.

2) 그는 이번 학기를 (   ) 외국으로 유학을 간다.

3) 경찰은 우리가 건물 안으로 들어가려고 하는 것을 (   ).

4) 이번 경험을 통해서 새로운 교훈을 (   ).

5) 처음에는 이해를 못했지만 자꾸 그의 설명을 듣다 보니까 (   ) 되었다.

6) 아이는 엄마의 손을 (   ) 않으려고 손을 꽉 잡았다.

◆ **유의어**

- 돈이 **모자라다** - **부족하다**
- 아이를 **키우다** - **기르다**
- 시험을 **미루다** - **연기하다**
- 전기를 **아끼다** - **절약하다**
- 하숙집을 **구하다** - **찾다**

◆ **반의어**

- 희망이 **생기다** - **사라지다**
- 조를 **나누다** - **합치다**
- 문을 **당기다** - **밀다**
- 주머니에서 손을 **빼다** - **넣다**
- 시간을 **아끼다** - **낭비하다**

◆ **다의어 및 동음이의어**

세우다	나의 꿈은 고향에 **학교를 세우는** 것이다.
	계획을 세우는 것도 중요하지만 실천하는 것도 중요하다.
	뛰어가서 출발하려는 **택시를 세웠다.**
	넘어진 아이를 지나가던 학생이 **일으켜 세웠다.**
	그 선수는 대회에 참가할 때마다 **신기록을 세웠다.**

떨어지다	하늘에서 **빗방울이 떨어지기** 시작했다.
	이번 **면접에서 떨어지면** 유학을 가려고 한다.
	올해는 작년에 비해서 **과일값이** 많이 **떨어졌다.**
	용돈이 떨어져서 일주일 동안 라면만 먹었다.
	셔츠에 **단추가 떨어져서** 세탁소에 맡겼다.

연습2

※ 다음 (   )에 들어갈 단어를 〈보기〉에서 골라 문장을 완성하십시오.

> **보기** 떨어지다 절약하다 세우다 넣다 밀다 합치다

1) 문을 앞으로 당기지 말고 힘껏 (   ).

2) 집에 쌀이 (   ) 어쩔 수 없이 라면으로 점심을 때웠다.

3) 태풍 피해를 막기 위한 방안을 (   ) 긴급회의가 소집되었다.

4) 일상생활에서 컴퓨터 사용 습관을 조금만 바꾼다면 전기를 (   ).

문제

 다음 ( )에 알맞은 것을 고르십시오.

1. 예상보다 사람들이 많이 와서 준비한 음식이 ( ) 것 같다.

① 남을 ② 맞을 ③ 상할 ④ 모자랄

2. 자판기에서 따뜻한 커피를 한 잔 ( ) 그녀에게 주었다.

① 빼서 ② 막아서 ③ 고쳐서 ④ 만들어서

3. 일주일에 한 번 대청소 하는 날을 ( ) 놓고 그 날이 되면 대청소를 합니다.

① 당겨 ② 옮겨 ③ 정해 ④ 늦춰

4~6 다음 밑줄 친 부분과 의미가 비슷한 것을 고르십시오.

4. 비가 많이 와서 축구 경기를 다음 주로 <u>연기했다</u>.

① 풀었다 ② 들었다 ③ 맡겼다 ④ 미뤘다

5. 그 사람은 버려진 개를 데려다 <u>키우고</u> 있다.

① 보고 ② 만들고 ③ 지키고 ④ 기르고

6. 아버지는 아들에게 필요한 약을 <u>구하러</u> 미국까지 가셨다.

① 섞으러 ② 찾으러 ③ 세우러 ④ 기억하러

7~9 다음 밑줄 친 부분과 의미가 반대인 것을 고르십시오.

7. 그 일로 인해서 부와 명예를 <u>얻었다</u>.

① 샀다 ② 잃었다 ③ 낳았다 ④ 두었다

8. 한국 친구와 이야기를 많이 하면서 한국어에 자신감이 <u>생기기</u> 시작했다.

① 꺼내기 ② 나타내기 ③ 감소하기 ④ 없어지기

9. 부모님께 물려받은 유산을 오빠와 반으로 <u>나누었다</u>.

① 합쳤다 ② 진행했다 ③ 증가했다 ④ 가리켰다

속담 및 관용표현

1)

가 : 왜 이렇게 **귀가 가렵지요**?
나 : 누가 영희 씨 얘기를 하고 있나 봐요.
가 : 그러게요. 중국에도 비슷한 말이 있어요.
나 : 어머, 그래요?

2)

가 : 차린 건 없지만 많이 드세요.
나 : 감사합니다.
가 : 음식이 **입에 맞아요**?
나 : 네. 아주 맛있어요.

3)

가 : 진성 씨가 기분이 안 좋아 보여요.
나 : 이번 토픽 시험에서 떨어졌거든요.
가 : 중급은 너무 쉽다더니 **코가 납작해졌겠네요**.
나 : 맞아요.

4)

가 : 근영 씨는 이상형이 어떻게 돼요?
나 : 저는 성격이 좋은 남자가 좋아요. 그리고
　　얼굴도 잘 생기고 돈도 많고 똑똑하고…….
가 : 근영 씨는 정말 **눈이 높은 것 같아요**.

1) 귀가 가렵다 : 다른 사람이 자기 이야기를 하는 것처럼 느끼다.
2) 코가 납작해지다 : 무안을 당하거나 기가 죽다.
3) 입에 맞다 : 음식이나 하는 일이 마음에 들다.
4) 눈이 높다 : ① 정도 이상의 좋은 것만 찾다. ② 무엇을 고르는 안목이 높다.

문법–원인·이유

❖ 문법알기

원인^이유	-느라고	어제 공부를 **하느라고** 좀 늦게 잤어요.
	-기에/길래	방이 너무 **더럽기에** 오랜만에 대청소를 했어요.
	-는 바람에	계단에서 **넘어지는 바람에** 다리를 다쳤어요.
	-(으)ㄴ/는 덕분에	친구가 **도와준 덕분에** 일이 빨리 끝났어요.
	-(으)ㄴ/는 탓에	내 방은 창문이 **작은 탓에** 환기가 잘 되지 않는다.
	-(으)ㄴ/는 통에	아이들이 **떠드는 통에** 전화벨 소리를 듣지 못했다.
	-(으)ㄴ 나머지	그는 너무 **당황한 나머지** 아무 말도 하지 못했다.
	-아/어서 그런지/-아/어서인지	감기에 **걸려서 그런지** 계속 자고 싶네요.
	-(으)로 인해(서)	우리 마을은 이번 **홍수로 인해** 큰 피해를 입었다.
	-아/어 가지고	요새 너무 **바빠 가지고** 정신이 하나도 없어요.
	-(으)므로	길이 **미끄러우므로** 넘어지지 않게 조심하시기 바랍니다.
	-(으)ㄴ/는 만큼	이번 시험이 **중요한 만큼** 열심히 준비하고 있다.

01 –느라고 ★★★

앞 문장과 같은 동작을 해서 뒤 문장과 같은 결과가 생겼다는 것을 나타낸다.

어제 **드라마를 보느라고** 운동을 못 했어요.
요새 **중간고사 준비를 하느라고** 정신이 없어요.
급한 일을 하느라고 약속에 좀 늦었다.

 ***동생이** 컴퓨터를 쓰느라고 **내가** 숙제를 못 했어요.
→ 앞 문장과 뒤 문장의 주어가 같아야 한다.
 ***감기에 걸리느라고** 병원에 갔어요.
→ 앞 문장의 동사는 주어의 노력이나 의지로 선택할 수 있어야 한다.

02 –기에/길래 ★★★

앞 문장과 같은 일이 생겨서 말하는 사람이 뒤 문장과 같은 동작을 했다는 것을 나타낸다.

돈이 부족하기에 은행에 가서 돈을 좀 찾았다.
아침부터 계속 **배가 아프기에** 병원에 가서 진찰을 받았다.
친구가 혼자 **침대를 옮기려고 하길래** 침대 옮기는 것을 도와주었다.
출출하기에 라면을 끓여서 친구와 나눠 먹었다.

> *갑자기 비가 오기에 **친구가** 나에게 우산을 빌려 주었다.
> → 뒤 문장의 주어는 언제나 말하는 사람이다.

03 –는 바람에 ★★★

앞 문장과 같은 일이 생겨서 뒤 문장과 같은 결과가 됐다는 것을 나타내며 뒤 문장에는 대부분 부정적인 결과가 온다.

늦잠을 자는 바람에 지각을 했어요.
계단에서 넘어지는 바람에 다리를 다쳤어요.
전화기가 고장이 나는 바람에 친구에게 연락할 수 없었다.

> *어제 밖이 너무 **시끄러운** 바람에 잠을 잘 못 잤어요.
> → 이 표현 앞에는 언제나 동사만 올 수 있다.
> *지갑을 **잃어버린** 바람에 집까지 걸어서 왔어요.
> → 이 표현은 시제에 상관없이 언제나 "–는 바람에" 형태로 사용한다.

04 –(으)ㄴ/는 덕분에

긍정적인 결과의 이유를 나타낸다.

친구들이 도와준 덕분에 이사를 빨리 끝낼 수 있었어요.
신경 써 주신 덕분에 별 문제 없이 잘 지내고 있습니다.
부모님 덕분에 한국에 와서 공부할 수 있어요.
토픽 4급에 합격한 것은 모두 선생님께서 **잘 가르쳐 주신 덕분입니다.**

05 -(으)ㄴ/는 탓에 ★★★

부정적인 결과나 현상이 나타난 원인이나 이유를 표현할 때 사용한다.

비가 너무 많이 오는 탓에 밖에 나갈 수가 없었다.
옷값이 너무 비싼 탓에 살 수가 없었다.
그 사람은 항상 **서두르는 성격 탓에** 실수를 할 때가 많다.
이번 일의 실패는 모두 **내 탓이다**.

> *__내가 성공할 수 있었던 이유__는 언제나 나를 도와준 친구들 탓이다.
> → 부정적인 결과의 원인이나 이유를 표현할 때 사용한다.

06 -(으)ㄴ/는 통에

어떤 결과가 생긴 상황이나 환경을 나타낸다.

넘어져서 **정신이 없는 통에** 지갑을 잃어버렸다.
방에 **물건을 잔뜩 쌓아 놓은 통에** 앉을 자리도 없다.
친구들이 빨리 가자고 **서두르는 통에** 전화기를 집에 두고 나왔다.
전쟁 통에 가족과 헤어진 사람이 많다.

07 -(으)ㄴ 나머지

어떤 동작을 하거나 어떤 상황 때문에 생긴 결과를 나타낼 때 사용하며 그 결과는 대부분 부정적인 것들이다.

너무 피곤한 나머지 옷도 갈아입지 못하고 잠이 들었다.
독서에 빠진 나머지 밥을 먹으라는 어머니의 말씀도 듣지 못했다.
그는 **너무 바쁜 나머지** 가족과의 저녁 약속을 잊어버리고 말았다.
친구는 장학금을 받게 됐다는 소식을 듣고 **기쁜 나머지** 크게 환호성을 질렀다.

08 -아/어서 그런지/-아/어서인지

어떤 결과의 원인을 나타내며 그 원인이 정확하다는 확신이 없거나 조심스럽게 표현할 때 사용한다.

날씨가 안 좋아서 그런지 백화점에 사람이 별로 없다.
밥을 빨리 먹어서 그런지 속이 좀 불편해요.
문제가 쉬워서 그런지 학생들의 표정이 밝네요.
운동을 해서인지 몸이 건강해진 것 같아요.

09 –(으)로 인해서 ★★★

뒤 문장의 원인이나 이유를 설명할 때 사용하며 격식적인 상황에서 사용한다. '인해(서)'를 생략

해 사용할 수도 있다.

폭설로 인해서 도로 곳곳이 정체되고 각종 교통사고가 발생했다.
어제 발생한 **대형 교통사고로 인해** 많은 사상자가 생겼다.
지진으로 인한 피해를 복구하기 위해 정부는 최선을 다하고 있습니다.
물가 상승으로 서민들의 삶이 점점 더 어려워지고 있다.

10 –아/어 가지고

"–아/어서"와 의미가 유사하며 이유를 나타내고 순서의 의미를 나타내기도 한다.

아침에 **늦게 일어나 가지고** 세수도 못 했어요.
어제는 **너무 바빠 가지고** 연락하는 걸 잊어버렸어요.
내일 친구들을 만날 때 **음식을 준비해 가지고** 가는 게 어때요?
돈을 모아 가지고 방학 때 여행을 하려고요.

11 –(으)므로

뒤 문장의 원인이나 이유를 나타내며 격식적인 상황에서 사용한다.

길이 미끄러우므로 안전 운전하시기 바랍니다.
성적이 우수하고 태도가 바르므로 이 상장을 드립니다.
여기는 금연 지역이므로 담배를 피우실 수 없습니다.
공부를 열심히 했으므로 이번 시험에서는 좋은 결과가 있을 겁니다.

12 –(으)ㄴ/는 만큼/–(으)니만큼

뒤 문장의 원인이나 이유를 나타낸다.

준비를 잘한 만큼(잘했으니만큼) 이번에는 결과가 좋을 거예요.
감기에 걸린 만큼(걸렸으니만큼) 술과 담배를 피하십시오.
돈이 없는 만큼(없으니만큼) 씀씀이를 좀 줄여 보세요.
아직 시간이 **이른 만큼(이르니만큼)** 좀 더 기다려 봅시다.

형 태	결 과	특징적인 의미
−기 때문에, −때문에, −기 때문이다, −때문이다	긍정적 부정적	어떤 결과의 원인, 이유를 나타낸다.
−는 바람에	대부분 부정적	부정적인 결과의 원인, 이유를 나타내며 그 원인은 예상하지 못한 것임을 나타낸다.
−(으)ㄴ/는 덕분에, −덕분에, −(으)ㄴ/는 덕분이다, −덕분이다	긍정적	긍정적 결과의 원인, 이유를 나타낸다.
−(으)ㄴ/는 탓에, −탓에, −(으)ㄴ/는 탓이다, −탓이다	부정적	부정적 결과의 원인, 이유를 나타낸다.
−(으)ㄴ/는 통에, −통에	부정적	부정적인 결과가 생긴 원인이 어떤 상황이나 환경 때문이었음을 나타낸다.

**** 다음 이유 표현들은 서로 바꿔 써도 큰 의미 차이가 없다.**

물가가 너무 **올라서** 만 원으로는 살 수 있는 게 별로 없다.
물가가 너무 **올랐기 때문에** 만 원으로는 살 수 있는 게 별로 없다.
물가가 너무 **오르는 바람에** 만 원으로는 살 수 있는 게 별로 없다.
물가가 너무 **오른 통에** 만 원으로는 살 수 있는 게 별로 없다.
물가가 너무 **오른 탓에** 만 원으로는 살 수 있는 게 별로 없다.

물가가 오른 것은 국제 유가가 **상승했기 때문이다.**
물가가 오른 것은 국제 유가가 **상승한 탓이다.**

친구들이 **도와줘서** 이사를 빨리 끝낼 수 있었어요.
친구들이 **도와줬기 때문에** 이사를 빨리 끝낼 수 있었어요.
친구들이 **도와준 덕분에** 이사를 빨리 끝낼 수 있었어요.

이사를 빨리 끝낼 수 있었던 것은 **친구들 때문이에요.**
이사를 빨리 끝낼 수 있었던 것은 **친구들 덕분이에요.**

연습

 제시된 문법을 이용해서 문장을 완성하십시오.

'-느라고'

1. 숙제를 하다 / 늦게 자다

⇨

2. 부모님을 배웅하다 / 약속을 못 지키다

⇨

'-는 바람에'

3. 갑자기 비가 오다 / 옷이 흠뻑 젖다

⇨

4. 버스가 갑자기 멈추다 / 넘어질 뻔하다

⇨

 다음 그림을 보고 제시된 문법을 이용해서 문장을 만드십시오.

5.

-기에(길래)

⇨

6.

-(으)ㄴ 탓에

⇨

7.

-(으)로 인해(서)

$\Rightarrow$

8~9   다음 〈보기〉의 문법을 이용해서 문장을 완성하십시오.

> 보기   -느라고   -기에/길래   -(으)ㄴ/는 탓(이다)   -(으)로 인해(서)

8. 선생님께서 화가 나신 이유는 수업시간에 제가 _________________________. (떠들다)

9. 요즘 _________________________ 스트레스를 심하게 받고 있어요. (시험)

10. 친구가 제주도에 간다고 _________________________ 저도 같이 가기로 했어요. (하다)

11. 급하게 _________________________ 지갑을 놓고 온 것도 몰랐어요. (나오다)

12. 이번 달에 용돈을 많이 _________________________ 생활비가 모자라요. (쓰다)

13~16   다음 〈보기〉의 문법을 이용해서 문장을 완성하십시오.

> 보기   -느라고   -는 바람에

13. 컴퓨터 게임을 _________________________ 수업시간에 늦은 줄 몰랐다. (하다)

14. 늦게 _________________________ 기차를 놓치고 말았다. (도착하다)

15. _________________________ 전화를 못 받았다. (샤워를 하다)

16. 버스를 _________________________ 학교에 지각했다. (잘못 타다)

17–20 다음 문장을 연결하십시오.

17. 지진으로 인해서　　□　　　　□ 최선을 다하세요.

18. 저는 요즘 너무 바빠 가지고　　□　　　　□ 건물이 무너졌어요.

19. 이번 시험으로 합격이 결정되는 만큼　　□　　　　□ 소화가 잘 안 돼요.

20. 저녁을 너무 많이 먹어서 그런지　　□　　　　□ 정신이 없어요.

1~2 다음 ( )에 알맞은 것을 고르십시오.

1.

> 가 : 어제 잘 못 잤나 봐요. 자꾸 하품을 하네요.
> 나 : 네. 영화를 ( ) 늦게 잤어요.

① 보면서　　　　　　　　　② 보는데

③ 보든지　　　　　　　　　④ 보느라고

2.

> 가 : 옷에 뭐가 묻었네요.
> 나 : 옆 사람이 팔을 ( ) 커피를 쏟았거든요.

① 칠 텐데　　　　　　　　　② 치는 대로

③ 치는 데다가　　　　　　　④ 치는 바람에

3~4 다음 밑줄 친 부분이 틀린 것을 고르십시오.

3. ① 수업이 늦게 <u>끝나는 바람에</u> 친구를 못 만났다.

　② 나는 급한 마음에 옷을 <u>입은 탓에</u> 물에 들어갔다.

　③ 그동안 미루었던 일을 한꺼번에 해서 <u>그런지</u> 너무 피곤하다.

　④ 이번에 구한 집은 교통이 <u>편리한 대신에</u> 집값이 비싸서 고민이다.

4. ① 차에서 이상한 소리가 <u>나길래</u> 정비소에 다녀왔다.

　② 운동을 꾸준히 <u>한 덕분에</u> 건강을 되찾을 수 있었다.

　③ 부모님께서 한국에 <u>오시느라고</u> 공항에 마중을 나갔다.

　④ 큰 일교차와 건조한 <u>날씨 탓에</u> 감기에 걸린 사람이 많다.

5~8 다음 밑줄 친 부분과 바꾸어 쓸 수 있는 것을 고르십시오.

5.

> 죄송해요. 이번 일이 생긴 이유는 제가 <u>조심하지 않은 탓이에요.</u>

① 조심한 적이 없어요　　　　② 조심하지 않은 셈이에요

③ 조심하지 않았을 뿐이에요　　④ 조심하지 않았기 때문이에요

6.

> 가 : 정아 씨, 카메라 가지고 왔어요?
> 나 : 어머, 죄송해요. 서둘러 <u>오느라고</u> 못 챙겼어요.

① 오도록 　　　　　　　　　② 오는지

③ 온 탓에 　　　　　　　　　④ 오는 대로

7.

> 차가 <u>고장 나서</u> 회사에 지각을 하고 말았어요.

① 고장 나더니 　　　　　　　② 고장 난 김에

③ 고장 나는 바람에 　　　　　④ 고장 났을 뿐만 아니라

8.

> 아이들이 뛰지 않게 해 주시면 안 될까요? 일을 해야 하는데 아이들이 <u>뛰어다니는 바람에</u>
> 일에 집중할 수가 없어서요.

① 뛰어다니는 중에 　　　　　② 뛰어다니는 통에

③ 뛰어다니는 김에 　　　　　④ 뛰어다니는 대신에

9~10 　다음을 읽고 (　　)에 알맞은 것을 고르십시오.

9.

> 가 : 애완동물을 키우면 외로움을 덜 (　　　　) 한번 길러 볼까 생각 중이에요.
> 나 : 좋은 생각이시네요. 강아지를 기르면 가족 같은 느낌이 들 거예요.

① 느끼다시피 　　　　　　　② 느끼더라도

③ 느끼거나마나 　　　　　　④ 느낀다고 하기에

10.

> (　　　　) 주택이 침수되고, 산사태가 나는 등 피해가 속출하고 있다. 정부는 2차 피해를
> 막기 위해서 긴급 복구 작업을 실시하고 있다.

① 태풍으로 인해서 　　　　　② 태풍을 통해서

③ 태풍에 대해서 　　　　　　④ 태풍에 비해서

 다음 (   )에 알맞은 것을 고르십시오.

1.

> 가 : 어제는 일찍 잤나 봐요. 저녁에 보니까 방에 불이 꺼져 있더라고요.
> 나 : 네. 몸이 (   ) 일찍 잤어요.

① 안 좋을 텐데 ② 안 좋은 데다가
③ 안 좋아 가지고 ④ 안 좋기는 했지만

2.

> 아저씨가 친절하게 길을 (   ) 은행을 쉽게 찾을 수 있었다.

① 가르쳐 주신다면 ② 가르쳐 주신 탓에
③ 가르쳐 주시느라고 ④ 가르쳐 주신 덕분에

3.

> 지난주 발생한 산불을 조사 중인 경찰은 등산객이 버린 (   ) 발생한 것으로 보고 있습니다.

① 담뱃불에 관해 ② 담뱃불 덕분에
③ 담뱃불로 인해서 ④ 담뱃불에 따라서

4.

> 옆집 할머니께서는 (   ) 헤어진 아이들이 보고 싶다고 하시면서 눈물을 흘리셨다.

① 전쟁마저 ② 전쟁처럼
③ 전쟁 대신 ④ 전쟁 통에

5.

> 지난달에 생활비를 지나치게 많이 (   ) 이번 달은 허리띠를 졸라매고 생활해야 한다.

① 지출한 만큼 ② 지출했다가는
③ 지출하려다가 ④ 지출하는 김에

 다음 밑줄 친 부분이 틀린 것을 고르십시오.

6. ① 요새는 졸업 시험 준비를 <u>하느라고</u> 바쁘게 지낸다.

② 급한 전화를 <u>받느라고</u> 잠깐 회의실을 빠져 나왔다.

③ 갑자기 내린 비 때문에 옷이 <u>젖느라고</u> 감기에 걸렸다.

④ 어제는 오랜만에 밀린 빨래를 <u>하느라고</u> 좀 늦게 잤다.

7. ① 어제 잠을 <u>잘 자서 그런지</u> 컨디션이 아주 좋다.

② 내가 계속 <u>하품을 하기에</u> 친구가 커피를 뽑아다 주었다.

③ 컴퓨터가 갑자기 <u>다운되는 바람에</u> 이메일을 다시 써야 했다.

④ 어제 내린 눈으로 도로가 <u>미끄러우므로</u> 조심하시기 바랍니다.

 다음 밑줄 친 부분과 바꾸어 쓸 수 있는 것을 고르십시오.

8.

결과는 좋지 않지만 <u>최선을 다했으므로</u> 후회는 없습니다.

① 최선을 다한 김에   ② 최선을 다했더라도

③ 최선을 다하다 보면   ④ 최선을 다했으니만큼

9.

아이가 혼자 <u>울고 있어서</u> 무슨 일인지 얼른 달려가 보았다.

① 울까 봐   ② 울 테니까

③ 울고 있기에   ④ 울고 있다면

10.

갑자기 출발 시간이 <u>앞당겨지는 바람에</u> 준비도 제대로 못하고 약속 장소로 출발했다.

① 앞당겨진 탓에   ② 앞당겨진 김에

③ 앞당겨진 반면에   ④ 앞당겨진 덕분에

CHAPTER 02

어휘 ▶▶ 명사 1

문법 ▶▶ 양보·조건

01 −아/어도

02 −다고 해도

03 −더라도

04 −(으)ㄹ지라도

05 −(으)ㄴ/는데도

06 −(으)나 마나

07 −다면

08 −았/었더라면

09 −다가는

10 −거든

11 −는 한

12 −아/어야

13 −기만 하면 되다

어휘-명사 1

❖ 어휘알기

관심	그는 한국 문화에 **관심**이 많아서 한국에 왔다.
기대	**기대**가 크면 실망도 크다.
노력	성공하기 위해서는 끊임없는 **노력**이 필요하다.
기억	너무 오래 전 일이기 때문에 **기억**이 나지 않는다.
습관	일찍 일어나는 **습관**을 가져야 한다.
부탁	선생님께 이 일을 도와달라고 **부탁**을 했다.
기분	남자 친구를 만나면 **기분**이 좋아진다.
결과	이 경기의 승리는 노력의 **결과**이다.
고장	그 회사에서 만든 자동차는 **고장**이 잘 나지 않는다.
희망	힘든 상황이지만 **희망**을 잃으면 안 된다.
실력	그 친구는 한국어 **실력**이 좋다.
의견	두 사람은 회의 시간에 항상 **의견**이 달라서 싸운다.
실수	언니가 아끼는 꽃병을 **실수**로 깨뜨렸다.
직장	남편은 **직장**이 멀어서 아침에 일찍 출근한다.
소원	내 **소원**은 TOPIK 중급에 합격하는 것이다.

연습1

※ 다음 (   )에 들어갈 단어를 〈보기〉에서 골라 문장을 완성하십시오.

보기	노력	고장	의견	기대	습관	관심

1) 컴퓨터가 (   ) 났는지 켜지지 않는다.

2) 부모님은 하나밖에 없는 아들에 대한 (   ) 크다.

3) 어렸을 때 생긴 나쁜 (   ) 어른이 되어도 쉽게 고치기 어렵다.

4) 그 기술을 개발하기 위해서 과학자들이 많은 (   ) 했다.

5) 한국 드라마를 본 후로 한국에 대해서 (   ) 갖기 시작했다.

6) 나와 (   ) 다르다고 틀린 것은 아니다.

좀 더 알아보기

◇ 유의어

- **관심**이 있다 - **흥미**
- **기대**가 크다 - **바람**
- **기억**이 나다 - **생각**
- **습관**을 고치다 - **버릇**
- **기분**이 상하다 - **마음**

- **실력**을 키우다 - **능력**
- **의견**을 존중하다 - **생각**
- **실수**를 인정하다 - **잘못**
- **직장**을 옮기다 - **일터**
- **소원**을 이루다 - **소망**

◇ 다의어 및 동음이의어

끊다	실이 너무 길어서 **가위로** 짧게 **끊었다.**
	건강을 위해서 **담배를 끊기로** 했다.
	주말에 친구와 영화를 보려고 **영화표를** 미리 **끊어** 두었다.
	그 사람과 크게 싸운 이후로 **연락을 끊었다.**
	새 집으로 이사를 가려고 그동안 보던 **신문을 끊었다.**

받다	작년에 생일 선물로 **휴대전화를 받았다.**
	이번 학기에 성적이 좋아서 **장학금을 받게** 되었다.
	목욕을 하려고 욕조에 **물을 받고** 있다.
	농구공은 너무 커서 한 **손으로 받기** 힘들다.
	지난주부터 장학금 **신청을 받기** 시작했다.

연습2

※ 다음 (   )에 들어갈 단어를 〈보기〉에서 골라 문장을 완성하십시오.

> **보기**   소망   받다   흥미   끊다   일터   생각

1) 건강검진 결과가 좋지 않게 나오자 평소에 좋아하던 술부터 (   ).

2) 그는 면접시험에서 좋은 점수를 (   ) 최종 입사 시험에 통과했다.

3) 작가는 이 책을 통해 '진정한 행복이란 무엇인가'에 대한 자신의 (   ) 드러냈다.

4) 어릴 때 헤어졌던 어머니를 찾아 다시 만나고 싶다는 간절한 (   ) 이루어졌다.

1~3 다음 ( )에 알맞은 것을 고르십시오.

1. 그날 뒤돌아 가시던 아버지의 모습이 오랫동안 (   )에 남았다.
① 종이　　　　　② 회상　　　　　③ 자리　　　　　④ 기억

2. 한 순간의 (   )로 큰 화재가 발생해서 가진 것을 모두 잃었다.
① 기회　　　　　② 이해　　　　　③ 실수　　　　　④ 목표

3. 친구가 돈을 빌려달라고 계속 (   )을 하는데 거절할 수가 없었다.
① 부탁　　　　　② 조건　　　　　③ 약속　　　　　④ 의견

4~8 다음 밑줄 친 부분과 의미가 비슷한 것을 고르십시오.

4. 그는 정치, 사회, 경제에 대해 <u>관심</u>이 전혀 없는 사람이다.
① 계획　　　　　② 흥미　　　　　③ 변화　　　　　④ 고민

5. 틈만 나면 손톱을 깨무는 <u>버릇</u>은 고쳐야 한다.
① 표정　　　　　② 고민　　　　　③ 성격　　　　　④ 습관

6. 내 사과를 받아들이는 친구의 태도에 <u>기분</u>이 상했다.
① 마음　　　　　② 예정　　　　　③ 소망　　　　　④ 희망

7. 그 사람의 <u>실력</u>이라면 충분히 시험에 통과할 것이다.
① 능력　　　　　② 자랑　　　　　③ 잘못　　　　　④ 경험

8. 김 대리는 성실하지 못한 태도로 인해 다니던 <u>직장</u>에서 해고당했다.
① 조언　　　　　② 일터　　　　　③ 취직　　　　　④ 직업

9 다음 밑줄 친 부분과 의미가 반대인 것을 고르십시오.

9. 무엇 때문에 사고가 발생했는지 그 <u>원인</u>을 자세하게 조사해야 한다.
① 여유　　　　　② 결과　　　　　③ 전망　　　　　④ 이론

속담 및 관용표현

1)

가 : 생일 축하해요.

나 : 고마워요. 와! 선물 박스랑 포장이 참 예뻐요.

가 : 사실은 선물 값보다 포장하느라 돈을 더 썼
　　어요.

나 : 네? **배보다 배꼽이 더 크네요.**

2)

가 : 월급날이 한참 남았는데…….

나 : 벌써 돈이 떨어진 거예요?

가 : 네. 부모님이 편찮으셔서 돌봐야 할 동생이
　　넷이나 되거든요.

나 : **밑 빠진 독에 물 붓기네요.**

3)

가 : 어제 민수가 자기보다 훨씬 큰 친구를 때렸대.

나 : 나도 들었어. 그 친구가 민수를 매일 때리고
　　놀렸거든.

가 : **지렁이도 밟으면 꿈틀한다고** 더 이상 못 참고
　　폭발한 것 같아.

4)

가 : 저 드라마 주인공 정말 멋있지요?

나 : 맞아요. 옷하고 가방도 멋있어요.

가 : 요즘 저 가방하고 옷들이 **날개 돋친 듯이
　　팔린대요.**

나 : 저도 사러 갔다가 다 팔려서 못 샀어요.

---

1) 배보다 배꼽이 크다 : 주가 되는 것 보다 부수적인 것이 더 크거나 많다.

2) 밑 빠진 독에 물 붓기 : 힘이나 비용을 아무리 들여도 끝이 없고 보람도 없다.

3) 지렁이도 밟으면 꿈틀한다 : 보잘 것 없는 사람이라도 너무 업신여기면 화를 낸다.

4) 날개 돋친 듯이 팔리다 : 물건이 아주 빨리 잘 팔린다.

문법—양보·조건

❖ 문법알기

양보	-아/어도	**바빠도** 아침 식사는 꼭 하세요.
	-다고 해도	비록 이번에 **실패한다고 해도** 절대로 포기하지 않겠다.
	-더라도	아무리 **비싸더라도** 꼭 살 거예요.
	-(으)ㄹ지라도	한국어 공부가 아무리 **힘들지라도** 열심히 노력하겠다.
	-(으)ㄴ/는데도	잠을 **잘 잤는데도** 왜 이렇게 피곤한지 모르겠어요.
	-(으)나 마나	이번 경기는 **보나 마나** 우리가 이길 거예요.
조건	-다면	복권에 **당첨된다면** 세계 여행을 해 보고 싶어요.
	-았/었더라면	한국에 **오지 않았더라면** 재미없게 살고 있을 것 같아요.
	-다가는	그렇게 공부를 **안 하다가는** 이번 시험에 떨어질 거예요.
	-거든	저를 찾는 전화가 **오거든** 메모 좀 남겨 주세요.
	-는 한	꿈을 **포기하지 않는 한** 언젠가는 반드시 성공할 수 있다.
	-아/어야	잠을 충분히 **자야** 다음 날 정상적으로 생활할 수 있다.
	-기만 하면 되다	전자제품은 사용하기 **편리하기만 하면 되지요**.

◈ 양보

01 -아/어도 ★★★

앞 문장이 뒤 문장에 영향을 주지 못하는 것을 나타낸다.

청소를 해도 집이 별로 깨끗하지 않은 것 같다.
책이 어려워서 그런지 **여러 번 읽어도** 이해하기가 어렵다.
피곤해도 오늘 해야 할 일을 내일로 미루면 안 된다.
남자는 **슬퍼도** 울면 안 된다는 것은 잘못된 말이라고 생각해요.
아무리 똑똑한 사람이라도 모든 것을 다 알 수는 없다.

02 -다고 해도

앞 문장과 같은 상황이라고 가정해도 뒤 문장에 영향을 주지 못한다는 것을 나타낸다.

피곤하다고 해도 이는 닦고 자야지요.
쉽지 않다고 해도 해 보지도 않고 포기할 수는 없어요.
다른 사람들이 싫어한다고 해도 할 이야기는 하겠다.
내 상황을 이해하지 못한다고 해도 어쩔 수 없습니다.

03 -더라도 ★★★

'-아/어도'와 비슷한 의미이나 '-아/어도'보다 좀 더 강한 느낌을 가지며 앞 문장에는 극단적인 상황이 올 때가 많다.

아무리 어렵고 힘들더라도 이 일은 꼭 끝내겠습니다.
손해를 보더라도 고객과의 약속은 지켜야 한다.
그녀가 무슨 말을 하더라도 제 마음은 변하지 않을 겁니다.
아무리 시간이 많이 흐르더라도 선생님의 은혜는 잊지 않을게요.

04 -(으)ㄹ지라도

앞 문장과 같은 상황이라고 가정해도 이 상황이 뒤 문장에 영향을 주지 못함을 나타낸다.

다시는 만나지 못할지라도 당신을 잊지 않겠습니다.
선물은 **아무리 작은 것일지라도** 사람을 기쁘게 한다.
굶어 죽을지라도 남의 물건을 훔치지는 않겠습니다.
아무리 기분이 나쁠지라도 말을 함부로 해서는 안 된다.

05 -(으)ㄴ/는데도

앞 문장과 같은 상황이지만 뒤 문장에 영향을 주지 못함을 나타내며 가정 상황에서는 사용되지 않는다.

그 정도면 충분한데도 그는 한시도 연습을 게을리하지 않았다.
밥을 많이 먹었는데도 아직도 배가 고파요.
한국에서 오래 살았는데도 아직 한국어가 서툴러서 걱정이에요.
방학 중인데도 학교는 입학시험을 준비하는 학생들로 가득했다.

06 -(으)나 마나

어떤 사실이 너무나 분명하여 확인하거나 어떤 동작을 할 필요가 없음을 나타낸다.

그 친구는 요새 바빠서 **전화해 보나 마나** 안 간다고 할 거예요.
한 번도 지각한 적이 없으니까 오늘도 **보나 마나** 9시까지는 올 거야.
그 사람 이야기는 **들어보나 마나** 자기 자랑일 거예요.
모른다고 하니까 **다시 물어보나 마나예요.**

◈ 조건

07 -다면　★★★

어떤 상황을 가정하는 표현으로 뒤 문장의 조건을 나타낼 때 사용한다.

과거로 돌아갈 수 있다면 초등학교 때로 돌아가고 싶어요.
만약 내일 지구가 멸망한다면 오늘은 가족과 함께 지낼 거예요.
친구가 이 소식을 들었다면 크게 실망했을 거예요.
내가 부자라면 가난한 사람들을 돕고 싶다.

> ***누구나 나이가 든다면** 흰머리가 생긴다.
> → 가정 상황에서만 사용할 수 있다.

08 -았/었더라면

과거의 사실과 다르게 어떤 상황을 가정할 때 사용하며 뒤 문장에는 추측 표현이 온다.

조금만 더 서둘렀더라면 지각하지 않았을 거예요.
너도 이번 여행에 **같이 갔더라면** 더 재미있었을 텐데.
친구의 충고를 잘 들었더라면 이렇게 고생하지 않았을 거예요.
한 문제만 더 맞았더라면 장학금을 받을 수 있었을 겁니다.

09 -다가는

앞 문장과 같은 상황이나 동작이 계속되거나 반복되면 뒤 문장과 같은 부정적인 결과가 생길 거라는 것을 나타낸다. 앞 문장에 나오는 내용도 부정적인 것이 대부분이다.

그렇게 아무 것도 안 먹다가는 병이 날 거예요.
계속 이렇게 어두운 곳에서 책을 읽다가는 눈이 나빠질 거예요.
그렇게 친구들을 함부로 대하다가는 친구들이 다 떠날 거예요.
돈도 좋지만 **그렇게 무리를 하다가는** 쓰러질 겁니다.

10 −거든 ★★★

조건을 나타낼 때 사용하며 뒤 문장에는 주로 명령, 청유, 또는 말하는 사람의 의지나 계획을 나타내는 표현이 온다.

혹시 일찍 도착하거든 조금만 기다려 주세요.
그 친구를 만나거든 제 안부 좀 전해 주세요.
식사를 하셨거든 차라도 드세요.
필요한 것이 있거든 말씀드리겠습니다.

11 −는 한

뒤 문장의 조건을 나타낸다.

먼저 나를 배신하지 않는 한 저도 배신하지 않겠습니다.
친구들이 있는 한 외롭지 않습니다.
포기하지 않는 한 영원한 실패라는 것은 없습니다.
잘못된 생활 습관을 고치지 않는 한 성공하기 힘들 거예요.

12 −아/어야

뒤 문장과 같은 일이 일어나기 위한 필수적인 조건을 나타낸다.

가정이 행복해야 모든 일이 잘 된다.
상대방을 존중해야 자신도 상대방에게 존중받을 수 있다.
계획을 세워야 일을 효율적으로 할 수 있다.
건강해지려면 꾸준히 **운동을 해야 한다.**

13 −기만 하면 되다

가장 중요하다고 생각하는 조건을 나타낼 때 사용한다.

신발은 **편하기만 하면 됩니다.**
가구는 예쁠 필요는 없고 **튼튼하기만 하면 돼요.**
책은 **재미있기만 하면 안 된다.** 그 안에는 교훈을 담고 있어야 한다.

	양보	가정	사실
–아/어도	○	○	○
–다고 해도	○	○	X
–더라도	○	○	X
–(으)ㄹ지라도	○	○	X
–(으)ㄴ/는데도	○	X	○

＊ "–아/어도"는 가정 상황과 사실 상황에 모두 쓸 수 있지만 "–다고 해도", "–더라도", "–(으)ㄹ지라도"는 가정 상황에서만 사용하고 "–(으)ㄴ/는데도"는 사실 상황에서만 사용한다.

> **청소를 했지만** 집이 별로 깨끗하지 않았다.
> **청소를 해도(했어도)** 집이 별로 깨끗하지 않았다.
> **청소를 했는데도** 집이 별로 깨끗하지 않았다.
> ***청소를 했다고 해도(했더라도, 했을지라도)** 집이 별로 깨끗하지 않았다.

> **피곤해도** 오늘 해야 할 일을 내일로 미루면 안 된다.
> **피곤하다고 해도** 오늘 해야 할 일을 내일로 미루면 안 된다.
> **피곤하더라도** 오늘 해야 할 일을 내일로 미루면 안 된다.
> **피곤할지라도** 오늘 해야 할 일을 내일로 미루면 안 된다.
> ***피곤한데도** 오늘 해야 할 일을 내일로 미루면 안 된다.

연습

  제시된 문법을 이용해서 문장을 완성하십시오.

'–아/어도'

1. 피곤하다 / 숙제를 해야 한다

⇨

2. 비가 오다 / 여행을 갈 것이다

⇨

'–더라도'

3. 바쁘다 / 부모님 생신 선물을 사다

⇨

4. 내가 조금 늦다 / 기다려 주다

⇨

  다음 그림을 보고 제시된 문법을 이용해서 문장을 만드십시오.

5.

-다면

⇨

6.

-거든

⇨

7~11 〈보기〉의 문법을 이용해서 문장을 완성하십시오.

> 보기   -더라도   -아/어도   -다면   -거든   -았/었더라면

7. 공부를 열심히 ___________________ 기대한 만큼 결과가 나오지 않았어요. (하다)

8. 대학교 때 조금만 더 열심히 ___________________ 좋은 직장을 구했을 텐데□□. (공부하다)

9. 그 옷은 어느 백화점에 ___________________ 쉽게 살 수 있을 거예요. (가다)

10. 아무리 힘들어도 희망을 ___________________ 성공할 수 있을 거예요. (잃지 않다)

11. 직장을 ___________________ 제일 먼저 저금통장을 만드세요. (구하다)

12-14 '–더라도'나 '–아/어도'를 이용해서 문장을 연결하십시오.

12. 음식이 맛이 없다 / 많이 드세요

⇨ ____

13. 그 사람에게 편지를 쓰다 / 답장이 안 왔다

⇨ ____

14. 그 일이 재미없다 / 관심을 갖고 꾸준히 하겠다

⇨ ____

15-20 다음 문장을 연결하십시오.

15. 만약 제가 늦게 오거든   □   □ 문이 닫혔을 거예요.

16. 그녀와 결혼한다면   □   □ 먼저 출발하세요.

17. 그렇게 술을 많이 마시다가는   □   □ 졸업할 수 있다.

18. 이번 시험에서 꼭 합격해야   □   □ 건강이 나빠질 거예요.

19. 벌써 6시니까 은행에 가나 마나   □   □ 정말 행복할 것이다.

문제1

 다음 (   )에 알맞은 것을 고르십시오.

1.

> 가 : 걱정이 있어 보이는데 무슨 일 있어요?
>
> 나 : 동생이 고향에 도착하면 연락을 준다고 했는데 (   ) 연락이 안 와서요.

① 기다린 후에　　　　　　　　　② 기다리다시피

③ 아무리 기다려도　　　　　　　④ 계속 기다리더라도

2.

> 가 : 과장님, 언제 도착하세요?
>
> 나 : 이제 10분 후면 고속버스 터미널에 도착해요.
>
> 가 : 고속버스 터미널에 (   ) 전화주세요. 제가 마중 나왔거든요.

① 도착할 겸　　　　　　　　　　② 도착하려면

③ 도착하시거든　　　　　　　　④ 도착할 지경에

 다음 밑줄 친 부분이 틀린 것을 고르십시오.

3. ① 내일 비가 <u>오는데도</u> 꼭 운동합니다.

　② 그렇게 담배를 많이 <u>피우다가는</u> 건강이 나빠질 거예요.

　③ 그건 처음하는 일이니까 실수를 <u>해도</u> 이해해 줄 거예요.

　④ 서둘러 <u>간다고 해도</u> 은행문은 닫혔을 테니까 내일 가세요.

4. ① 그 사람의 실력은 <u>보나 마나</u> 좋을 거예요..

　② 여행갈 준비는 다 했으니까 이제 <u>떠나기만 하면</u> 돼요.

　③ 자신을 잘 <u>나타내려거든</u> 우선 자기 자신을 정확하게 파악했습니다.

　④ 열심히 <u>공부했더라면</u> 좋은 직장을 구할 수 있었을 텐데 정말 아쉬워요.

 다음 밑줄 친 부분과 바꾸어 쓸 수 있는 것을 고르십시오.

5.

> 가 : 저는 아까 저녁을 먹었으니까 민수 씨 더 드세요.
>
> 나 : <u>식사하셨으면</u> 과일이라도 좀 드세요.

① 식사하셨거든　　　　　　　　② 식사하셨더라면

③ 식사하시는 김에　　　　　　④ 식사하시든지 말든지

6.

> 가 : 자동차를 사려고 하는데 어느 회사 제품이 좋을까요?
>
> 나 : S사에서 만든 차를 사세요. 가격은 조금 <u>비싸지만</u> 품질이 좋아서 잔고장이 없어요.

① 비싸도　　　　　　　　　　② 비싸더니

③ 비쌌어도　　　　　　　　　④ 비싸더라니

7.

> 가 : 이번 여행에 몇 명이나 참석할 수 있는지 직원들 의견을 물어보세요.
>
> 나 : <u>물어보나 마나</u> 모두 간다고 할 거예요.

① 물어보거나　　　　　　　　② 물어볼 건지

③ 물어보기보다는　　　　　　④ 물어보지 않아도

8.

> 가 : 생일 선물로 소원을 들어줄 테니까 하나만 말해 봐.
>
> 나 : 너무 큰 것이라서 <u>말한다고 해도</u> 들어주기 힘드실 거예요.

① 말해 봤자　　　　　　　　② 말하느라고

③ 말할 테니까　　　　　　　④ 말할 뿐만 아니라

9~10　　다음을 읽고 (　　)에 알맞은 것을 고르십시오.

9.

> 가 : 미나 씨, 만약 내일 지구가 (　　　　) 무엇을 할 거예요?
>
> 나 : 저는 좋아하는 사람들에게 안부 전화를 할 거예요.

① 멸망한다면　　　　　　　　② 멸망하고자

③ 멸망하고도　　　　　　　　④ 멸망해 가지고

10.

> 성공적인 직장 생활을 위한 조건 중의 하나는 동료들과의 좋은 관계이다. 이것은 서로에 대한 배려가 없이는 만들 수 (　　　　) 작은 일에서부터 동료를 생각하는 자세가 필요하다.

① 없으면　　　　　　　　　　② 없기에

③ 없어야　　　　　　　　　　④ 없더라도

문제2 ↵

 다음 (   )에 알맞은 것을 고르십시오.

1.

> 가 : 김 과장, 한국자동차와의 계약은 어떻게 진행되고 있나요?
> 나 : 큰 문제가 (   ) 이번 주 내로는 계약이 체결될 것 같습니다.

① 발생하지 않는 한　　　　　② 발생하지 않다가는

③ 발생하지 않을지라도　　　④ 발생하지 않는다고 쳐도

2.

> 자식은 아무리 나이를 많이 (   ) 부모의 눈에는 여전히 아이일 뿐이다.

① 먹었거든　　　　　　　　② 먹을수록

③ 먹었으므로　　　　　　　④ 먹었을지라도

3.

> 가 : 좀 조심해서 운전을 하지 어쩌다가 이렇게 크게 다쳤어요?
> 나 : 그러게요. 조금만 더 (   ) 아무 일도 없었을 텐데 말이에요.

① 조심했기에　　　　　　　② 조심했더라면

③ 조심하느라고　　　　　　④ 조심하나마나

4.

> 아무리 뛰어난 재능을 (   ) 그것을 제대로 활용할 줄 모른다면 아무 소용없다.

① 갖고 있던데　　　　　　　② 갖고 있기에

③ 갖고 있더라도　　　　　　④ 갖고 있기만 하면

5.

> 치아에 문제가 생겼을 때는 바로 치과에 가서 진료를 받는 게 좋다. 별로 아프지 않다고 해서 (   ) 나중에 더 큰 문제가 생길 수 있기 때문이다.

① 참다가는　　　　　　　　② 참으나마나

③ 참을 바에는　　　　　　　④ 참는다고 해서

6~7　다음 밑줄 친 부분이 틀린 것을 고르십시오.

6.　① 그가 무슨 말을 할지는 <u>들어보나마나</u> 뻔하다.

　② 내일은 날씨가 안 <u>좋은데도</u> 반드시 여행을 갈 것이다.

　③ 아무리 상황이 <u>어렵더라도</u> 희망을 잃지 않을 것입니다.

　④ 아버지께서는 아무리 <u>늦게 주무셔도</u> 아침 6시가 되면 일어나셨다.

7.　① 혹시 시간이 <u>되시거든</u> 저 좀 도와주실 수 있으세요?

　② 한국에서는 겨울이 <u>된다면</u> 날씨가 추워지고 눈이 와요.

　③ 적성에 맞는 일을 직업으로 <u>선택해야</u> 행복하게 일할 수 있어요.

　④ 그 사람의 처지를 <u>몰랐더라면</u> 저도 그 사람을 오해했을 거예요.

8~10　다음 밑줄 친 부분과 바꾸어 쓸 수 있는 것을 고르십시오.

8.
이 기구는 <u>회원인 경우에만</u> 사용이 가능하니 비회원은 다른 것을 사용해 주시기 바랍니다.

　① 회원이든　　　　　　　　② 회원이라야

　③ 회원이라면　　　　　　　④ 회원이라고

9.
시간이 <u>부족하다고 해도</u> 이렇게 중요한 일을 대충대충 해서야 되겠습니까?

　① 부족한 만큼　　　　　　　② 부족한 반면에

　③ 부족하면 몰라도　　　　　④ 부족하다고 해서

10.
보일러에서 경보음이 <u>나면</u> 반드시 A/S 센터에 연락해 주시기 바랍니다.

　① 나거든　　　　　　　　　② 날지라도

　③ 나다가는　　　　　　　　④ 나나 마나

CHAPTER

03

어휘 ▶▶ 형용사 1

문법 ▶▶ 간접 화법 · 정도 비교 · 기회

01 간접 화법

02 −처럼

03 −(으)ㄴ/는(으)ㄹ 만큼

04 −만 하다

05 −(으)ㄹ 정도로

06 −(으)ㄹ 지경이다

07 −듯(이)

08 −도록1

09 −(으)ㄴ/는 김에

10 −는 길에

어휘-형용사 1

❖ 어휘알기

어둡다	교실이 **어두워서** 불을 켰다.
다양하다	백화점에는 **다양한** 상품들이 있다.
새롭다	그 회사는 외국에서 **새로운** 기술을 들여왔다.
올바르다	그는 **올바르고** 성실한 사람이다.
딱딱하다	나무 의자가 **딱딱해서** 불편하다.
싱싱하다	그 가게에서 파는 생선은 언제나 **싱싱하다**.
튼튼하다	다리를 **튼튼하게** 만들었다.
외롭다	외국에서 혼자 생활하니까 너무 **외롭다**.
부끄럽다	거짓말을 자주 하는 내 자신이 **부끄럽다**.
낯익다	얼굴은 **낯익은데** 누구인지 기억이 안 난다.
강하다	**강한** 바람 때문에 큰 피해가 발생했다.
신중하다	직업을 선택할 때는 **신중하게** 생각해야 한다.
유익하다	계획을 잘 세워 방학을 **유익하게** 보냈다.
유창하다	**유창한** 외국어 실력은 취직하는 데 큰 도움이 된다.
뚜렷하다	어떤 일을 이루기 위해서는 목표가 **뚜렷해야** 한다.

연습1

※ 다음 (   )에 들어갈 단어를 〈보기〉에서 골라 문장을 완성하십시오.

> **보기**   싱싱하다   부끄럽다   다양하다   어둡다   튼튼하다   올바르다

1) 겨울에는 해가 빨리 지기 때문에 여섯 시만 돼도 (   ).

2) 음식을 만들 때는 (   ) 재료를 써야 맛이 좋다.

3) 몸이 (   ) 공부도 잘할 수 있다.

4) 박물관에는 (   ) 유물들이 전시되어 있다.

5) 잘못을 하고 (   ) 얼굴을 들지 못했다.

6) 그는 지금까지 나쁜 일을 하지 않고 (   ) 살아왔다.

좀 더 알아보기

◆ 유의어

- 생각이 **새롭다** - **참신하다**
- 생선이 **싱싱하다** - **신선하다**
- 마음이 **외롭다** - **쓸쓸하다**
- 실수가 **부끄럽다** - **창피하다**
- 건강에 **유익하다** - **이롭다**

◆ 반의어

- 밖이 **어둡다** - **밝다**
- 음식이 **딱딱하다** - **부드럽다**
- 몸이 **튼튼하다** - **약하다**
- 얼굴이 **낯익다** - **낯설다**
- 바람이 **강하다** - **약하다**

◆ 다의어 및 동음이의어

감다	너무 피곤해서 잠시 **눈을 감고** 있었다.
	날씨가 너무 더워서 차가운 수건을 **목에 감았다.**
	자주 **머리를 감아서** 머릿결이 많이 상했다.
	시계가 멈춰서 다시 **태엽을 감았다.**

잡다	산책을 하는 동안 나는 그의 **손을 잡고** 있었다.
	오늘은 비가 와서 **택시 잡기가** 힘들 것 같다.
	대학을 졸업하자마자 **직장을 잡아서** 돈을 벌기 시작했다.
	아버지와 나는 **고기를 잡으러** 바다로 나갔다.
	다음 회의 **날짜를 잡으려고** 전화를 걸었다.

연습2

※ 다음 (   )에 들어갈 단어를 〈보기〉에서 골라 문장을 완성하십시오.

> **보기**   감다   잡다   쓸쓸하다   약하다   이롭다   참신하다

1) 사람들이 다 떠난 빈 공간에 혼자 남아 있으려니까 (   ).

2) 다음 주에 대학원 졸업 논문 지도를 받기 위해 교수님과 약속을 (   ).

3) 교통사고로 양손을 다친 후 다른 사람의 도움 없이는 머리를 (   ) 못한다.

4) 이번에 뽑힌 신입사원은 아이디어가 (   ) 일처리도 빨라서 선배들을 놀라게 했다.

1~3 다음 (   )에 알맞은 것을 고르십시오.

1. 그녀는 한국어를 배운 지 얼마 안 되었지만 정확한 발음으로 (   ) 말한다.
① 불편하게   ② 유창하게   ③ 불안하게   ④ 유리하게

2. 가족과 떨어져 친구도 없이 혼자 생활하려니까 너무 (   ).
① 급하다   ② 외롭다   ③ 게으르다   ④ 소중하다

3. 내가 거짓말을 했다는 것을 친구가 알게 되어 정말 (   ).
① 창피했다   ② 솔직했다   ③ 신중했다   ④ 고독했다

4~6 다음 밑줄 친 부분과 의미가 비슷한 것을 고르십시오.

4. 건강에 <u>유익한</u> 음식을 먹는 습관을 들여야 한다.
① 유능한   ② 이로운   ③ 지나친   ④ 해로운

5. 그는 주관이 <u>뚜렷해서</u> 다른 사람의 말에 별로 영향을 받지 않는다.
① 애매해서   ② 흐릿해서   ③ 미련해서   ④ 분명해서

6. 어제는 나무가 뽑힐 정도로 바람이 <u>강하게</u> 불었다.
① 세게   ② 짙게   ③ 환하게   ④ 드물게

7~9 다음 밑줄 친 부분과 의미가 반대인 것을 고르십시오.

7. 불빛이 <u>어두워서</u> 영화관 안에 있는 사람들의 얼굴을 알아볼 수가 없었다.
① 낮아서   ② 밝아서   ③ 흔해서   ④ 낯설어서

8. 그는 모든 일을 <u>신중하게</u> 생각하고 행동해서 실수를 거의 하지 않는다.
① 경솔하게   ② 심심하게   ③ 충분하게   ④ 안전하게

9. 투수는 어깨가 <u>튼튼해야</u> 공을 잘 던질 수 있다.
① 연해야   ② 약해야   ③ 싱싱해야   ④ 단단해야

속담 및 관용표현

가 : 이것 좀 해!
나 : "미안한데 이것 좀 해 줄래?"
　　이렇게 말할 수는 없어요?
가 : 그거나 이거나 뭐가 달라?
나 : **아 다르고 어 다르다**는 말이 있잖아요.

가 : 안내원이 불친절해서 기분 나빠요.
나 : 당신이 친절하게 물어봤으면 저 사람도 친절
　　하게 대답해 줬을 거예요.
가 : 그럼 내가 잘못했다는 거예요?
나 : **가는 말이 고와야 오는 말이 곱다**는 말이에요.

가 : 어떻게 그 어려운 환경을 극복하고 과학자
　　라는 꿈을 이루셨습니까?
나 : 어릴 때부터 과학을 좋아하는 저를
　　선생님께서는 "김 과학자"라고 불러 주셨어요.
가 : 선생님 **말이 씨가 되었네요.**

가 : 철수 씨 여자 친구 생겼대요.
나 : 정말요? 어떤 사람인대요?
가 : 같은 과 후배라고 들었어요.
　　어, 저기 철수 씨가 오네요.
나 : **호랑이도 제 말하면 온다더니…….**

---

1) 아 다르고 어 다르다 : 같은 내용의 이야기라도 이렇게 말하여 다르고 저렇게 말하여 다르다.

2) 가는 말이 고와야 오는 말이 곱다 : 자기가 다른 사람에게 말이나 행동을 좋게 해야 다른 사람도 나에게 말이나 행동을 좋게 한다.

3) 말이 씨가 된다 : 가볍게 한 말이 실제로 이루어진다.

4) 호랑이도 제 말하면 온다 : 다른 사람에 대해 이야기를 하는데 그때 그 사람이 나타난다.

문법-간접화법 · 정도 비교 · 기회

❖ 문법알기

간접 화법		아버지께서 오늘 집에 일찍 **오신다고 하셨다**.
		선생님께서는 내게 무슨 계절을 **좋아하느냐고 하셨다**.
		친구에게 내일 같이 공연을 보러 **가자고 했다**.
		동생에게 빌린 돈을 빨리 **갚으라고 했다**.
정도 비교	-처럼	선생님은 **부모님처럼** 우리를 따뜻하게 대해 주십니다.
	-만큼, -(으)ㄴ/는/(으)ㄹ 만큼	이 **영화만큼** 감동적이고 재미있는 영화는 본 적이 없다.
	-만 하다	곧 출산할 예정이라서 배가 **남산만 해요**.
	-(으)ㄹ 정도로	요새는 밥도 제때 **먹지 못할 정도로** 바쁘다.
	-(으)ㄹ 지경이다	감기가 심해서 **일어나지도 못할 지경이다**.
	-듯(이)	아무리 돈이 많다고 해도 돈을 물 **쓰듯이** 하면 안 됩니다.
	-도록(1)	친구 때문에 **배꼽이 빠지도록** 실컷 웃었어요.
기회	-(으)ㄴ/는 김에	**청소를 하는 김에** 빨래도 같이 했다.
	-는 길에	기숙사로 **돌아오는 길에** 친구에게 줄 음료수를 하나 샀다.

◈ 간접 화법

01 간접 화법 ★ ★ ★ (자세한 내용은 부록 참고)

다른 사람의 이야기를 전달할 때 사용하며 "-고 하"를 생략해 사용할 수 있다.

친구들은 제가 **착하다고 해요**.(착하대요)

친구는 취미가 **농구라고 해요**.(농구래요)

부모님께서 언제 고향에 **오느냐고 하셨어요**.(오느냐셨어요)

동생이 같이 영화를 **보자고 해요**.(보재요)

선생님께서 숙제를 내일까지 **내라고 하셨어요**.(내라셨어요)

◈ 정도 비교

02 −처럼 ★★★

두 대상의 비슷한 정도나 방식을 표현할 때 사용한다.

마이클은 **한국 사람처럼** 한국어를 잘해요.
오늘은 **봄처럼** 날씨가 따뜻하네요.
어머니께서 해 주신 음식처럼 맛있는 것은 없어요.
제 남동생은 웃을 때 **여자처럼** 웃어요.
여자 친구는 가끔 **부모님처럼** 잔소리를 하고는 해요.

03 −만큼, −(으)ㄴ/는/(으)ㄹ 만큼

앞 문장과 같은 정도나 양이라는 것을 나타낸다.

술을 잘 마시지는 못하지만 **보통 사람만큼은** 마셔요.
그녀는 **예쁜 외모만큼** 마음씨도 곱다.
사람은 누구나 **주는 만큼** 받기를 원하다.
지위가 높은 만큼 책임도 크다.
모두가 **놀랄 만큼** 발표 준비를 잘해 왔다.

04 −만 하다/못하다

두 대상이 크기가 비슷하거나 뒤의 대상이 앞에 나온 대상의 정도에 미치는지 못 미치는지를 나타낸다.

집이 얼마나 큰지 정말 **운동장만 하더라고요.**
월급이 쥐꼬리만 해서 저축을 하고 나면 돈이 거의 남지 않는다.
제 남자 친구는 키가 **선생님만 해요.**
이번에 산 화장품은 **저번에 산 것만 못하다.**
아무리 편한 곳이라도 **집만 한 곳은 없다.**

05 −(으)ㄹ 정도로 ★★★

상황이나 동작의 정도를 구체적으로 표현할 때 사용한다.

이 음식을 모두 먹을 수 있을 정도로 배가 고파요.
사람이 날아갈 정도로 바람이 강하게 불었어요.
제 친구는 **가수라고 해도 믿을 정도로** 노래를 잘 불러요.
책을 여러 번 읽어서 이제는 **다 외울 정도입니다.**
얼굴이 너무 많이 변해서 **가족들도 못 알아볼 정도예요.**

06 –(으)ㄹ 지경이다

어떤 상황이 뒤 문장과 같은 정도라는 것을 나타낸다.

너무 피곤해서 **쓰러질 지경이다.**
안개가 심해서 **앞이 하나도 안 보일 지경이다.**
어제는 너무 창피해서 **죽을 지경이었다.**
그 일은 너무 유명해서 **모르는 사람이 하나도 없을 지경이다.**

07 –듯(이)

앞 문장과 유사하다는 것을 나타내며 "–(으)ㄴ/는 것처럼"의 의미로 사용한다.

너도 알듯이 요새 내가 건강이 별로 안 좋아.
외모가 다르듯이 사람마다 성격이 다르다.
선생님은 가끔 우리를 **아이 대하듯이** 대할 때가 있다.
거짓말을 밥 먹듯이 하니까 누가 당신 말을 믿겠어요?

08 –도록(1)

어떤 정도에 이르렀음을 나타낸다.

오랜만에 만난 친구와 **밤이 새도록** 이야기를 나누었다.
한국에 온 지 **1년이 다 되도록** 아직 한국 친구가 몇 명 없다.
너무 재미있어서 **배꼽이 빠지도록** 웃었어요.
눈이 빠지도록 기다렸지만 끝내 친구는 나타나지 않았다.

◈ 기회

09 –(으)ㄴ/는 김에 ★★★

원래 의도한 동작을 하는 기회를 활용하여 다른 동작도 한다는 것을 나타낸다.

부모님께 편지를 쓰는 김에 친구에게도 썼어요.
청소를 하는 김에 빨래도 하려고요.
운전면허증을 딴 김에 차도 한 대 구입했어요.
빵을 사러 슈퍼마켓에 간 김에 과일도 좀 샀어요.
설악산에 가는 김에 동해 바다에도 들르려고요.

10 -는 길에

어떤 장소로 이동을 하는 중에 다른 동작이 발생했다는 것을 나타낸다.

교실에 가는 길에 도서관에 들러 책을 빌렸다.

출근하는 길에 세탁소에 옷을 맡겼다.

시내에 가는 길에 필요한 걸 몇 가지 살 거예요.

밥을 먹으러 **식당에 가는 길이에요.**

형태	사용 환경
–처럼	비교하는 대상이 <u>정도나 방식</u>이 비슷한 경우에 사용한다.
–만큼, –(으)ㄴ/는/(으)ㄹ 만큼	비교하는 대상이 <u>정도나 양</u>이 비슷한 경우에 사용한다.
–만 하다/못하다	비교하는 대상이 크기가 비슷하거나 뒤의 대상이 앞에 나온 대상의 정도에 미치는지 못 미치는지를 나타낸다.

✳ **정도를 나타내는 경우에는 "–처럼"과 "–만큼"은 대체할 수 있다.**

> 그 친구는 **한국 사람처럼** 한국어를 잘한다.
>
> 그 친구는 **한국 사람만큼** 한국어를 잘한다.

✳ **방식을 나타낼 때는 "–처럼"만 사용 가능하다.**

> 우리 반 선생님은 늘 **아이처럼** 귀엽게 웃으신다.
>
> *우리 반 선생님은 늘 **아이만큼** 귀엽게 웃으신다.

✳ **수량을 나타낼 때는 "–만큼"만 사용 가능하다.**

> *모든 참가자가 선물을 받을 수 있게 **참가자처럼** 선물을 준비했다.
>
> 모든 참가자가 선물을 받을 수 있게 **참가자만큼** 선물을 준비했다.

✳ **크기의 정도를 나타내는 경우 아래 세 표현은 대체 가능하다.**

> 교실이 **운동장처럼** 크더라고요.
>
> 교실이 **운동장만큼** 크더라고요.
>
> 교실이 **운동장만** 하더라고요.

✳ **최상급을 나타낼 때도 세 표현은 대체 가능하다.**

> 우리 반에는 **그 친구처럼** 한국어를 잘하는 사람은 없다.
>
> 우리 반에는 **그 친구만큼** 한국어를 잘하는 사람은 없다.
>
> 한국어 실력으로 보면 우리 반에는 **그 친구만 한** 사람은 없다.

연습

  다음 문장을 간접화법으로 고치십시오.

1. 민수 : 정아 씨가 내일 고향으로 돌아가요.

⇨

2. 영민 : 내일 숙제가 뭐예요?

⇨

3. 혜영 : 오늘 수업 끝나고 같이 저녁을 먹읍시다.

⇨

4. 선생님 : 숙제를 내일까지 꼭 제출하세요.

⇨

  다음 그림을 보고 제시된 문법을 이용해서 문장을 만드십시오.

5.

-처럼

⇨

6.

-(으)ㄹ 정도로

⇨

7.　→　-(으)ㄴ/는 김에

8~12　다음 〈보기〉의 문법을 이용해서 문장을 완성하십시오.

> 보기　　-ㄴ/는다고 하다　　-느냐고 하다　　-자고 하다　　-(으)라고 하다

8. 가 : 기말 시험이 언제예요?

　　나 : 선생님께서 ＿＿＿＿＿＿＿＿＿＿＿＿＿＿. (6월 10일)

9. 가 : 민수 씨는 왜 날마다 지각을 해요?

　　나 : 수진 씨한테 들었는데 ＿＿＿＿＿＿＿＿＿＿＿＿. (아침에 아르바이트를 하다)

10. 가 : 아까 민수가 뭐라고 했어요?

　　나 : 쓰기 숙제를 ＿＿＿＿＿＿＿＿＿＿＿＿＿. (언제까지 내다)

11. 가 : 수미 씨가 정수 씨한테 뭐라고 했어요?

　　나 : 수업 끝나고 다 같이 ＿＿＿＿＿＿＿＿＿＿＿＿. (밥을 먹다)

12. 가 : 일기예보에서 내일 날씨가 어떻대요?

　　나 : 흐리다가 비가 ＿＿＿＿＿＿＿＿＿＿＿＿＿. (오다)

13~15　'–길에/–김에'를 이용해서 다음 대화를 완성하십시오.

13. 지하철역에 ＿＿＿＿＿＿＿＿＿ 낯익은 사람을 봤는데 누구인지는 기억나지 않아요. (가다)

14. 수진 씨, 우리 오랜만에 ＿＿＿＿＿＿＿＿＿ 커피나 한 잔 할까요? (만나다)

15. 어머니께서 집에 ＿＿＿＿＿＿＿＿＿ 슈퍼에 들러 우유를 사 오라고 하셨어요. (오다)

16~20 다음 〈보기〉의 문법을 이용해서 대화를 완성하십시오.

> 보기   -처럼   -듯이   -(으)ㄹ 정도로   -도록   -(으)ㄹ 지경이다

16. 목소리가 안 ＿＿＿＿＿＿＿＿＿＿ 감기가 심해요. (나오다)

17. 야근을 했더니 너무 피곤해서 ＿＿＿＿＿＿＿＿＿.(쓰러지다)

18. 돈을 물 ＿＿＿＿＿＿＿＿＿＿ 하면 가진 돈이 곧 바닥날 거예요. (쓰다)

19. 왕창 씨는 ＿＿＿＿＿＿＿＿＿＿ 한국어를 유창하게 해요. (한국 사람)

20. 열 시가 ＿＿＿＿＿＿＿＿＿ 동생이 집에 안 와서 식구들이 걱정하고 있어요. (넘다)

　다음 (　　)에 알맞은 것을 고르십시오.

1.

> 가 : 그 사람이 재산의 절반 이상을 사회에 기부했대.
> 나 : (　　　) 자신의 이익만 생각하는 시대에 정말 대단하다.

① 요즘까지 　　　　　　　　　② 요즘처럼

③ 요즘이나 　　　　　　　　　④ 요즘이나마

2.

> 가 : 다음 주말에 날씨가 좋아야 할 텐데□□.
> 나 : 걱정하지 마세요. 이번 주말에는 비가 오지만 다음 주말에는 비가 안 (　　　) 했어요.

① 온다고 　　　　　　　　　　② 오냐고

③ 오자고 　　　　　　　　　　④ 오라고

3.

> 가 : 40대 주부들이 가장 바라는 것은 자식들이 공부를 잘하는 것이래요.
> 나 : 하긴 자기 자식이 공부를 잘하는 (　　　) 중요한 게 어디 있겠어요.

① 것마저 　　　　　　　　　　② 것까지

③ 것부터 　　　　　　　　　　④ 것만큼

　다음 밑줄 친 부분이 틀린 것을 고르십시오.

4. ① 서울로 출장을 갈 김에 동창을 만나야겠다.

　　② 바람이 강하게 부는 바람에 모자가 날아갔다.

　　③ 동료가 도와준 덕분에 일을 일찍 끝낼 수 있었어요.

　　④ 그는 화가로도 활동하는 한편 작가로도 활약하고 있다.

5. ① 그 사람이 친절하냐고 물었다.

　　② 다음 주에 영화관에 같이 가자고 했다.

　　③ 이 시장에는 싱싱한 해산물이 많다고 했다.

　　④ 올 여름은 작년에 비해 비가 많이 올 거다고 한다.

 다음 밑줄 친 부분과 바꾸어 쓸 수 있는 것을 고르십시오.

6.

> 새벽 6시가 되자 멀리 있는 사람도 뚜렷이 <u>보일 정도로</u> 밝아졌어요.

① 보일 뿐   ② 보일 만큼

③ 보이는 대로   ④ 보이는 동안에

7.

> 그 사람은 <u>가수처럼</u> 노래를 잘 불러요.

① 가수치고   ② 가수조차

③ 가수같이   ④ 가수밖에

8.

> 학교에 <u>오는 길에</u> 친구를 만나서 같이 왔어요.

① 오다가   ② 오더니

③ 오는 대로   ④ 오자마자

9.

> 가 : 요즘 무척 바쁘시다면서요?
> 나 : 네. 사업을 확장하면서 눈코 뜰 새 없이 바빠 밥도 <u>못 먹을 지경이에요.</u>

① 못 먹더라고요   ② 못 먹는 법이에요

③ 못 먹을 정도예요   ④ 못 먹는 모양이에요

 다음을 읽고 (   )에 알맞은 것을 고르십시오.

10.

> 가 : 이 자동차 정말 멋지네요. 새로 사셨어요?
> 나 : 아니요. 이건 우리 형 자동차인데 제 차가 고장나서 형한테 잠깐 (   ) 했어요.

① 빌려 준다고   ② 빌려 달라고

③ 빌려 주라고   ④ 빌려 온다고

1~5 다음 (   )에 알맞은 것을 고르십시오.

1.

> 가 : 아까 선생님이 뭐라고 하셨어요?
> 나 : 내일은 시험을 보니까 (   ) 하셨어요.

① 늦으면 안 된다고 ② 늦어서 안 되겠다고
③ 늦으면 안 되느냐고 ④ 늦어서 안 되겠느냐고

2.

> 가 : 아까 보니까 마이클 씨가 무슨 부탁을 하는 것 같던데요.
> 나 : 네. 사전을 안 가져왔다고 저한테 사전 좀 (   ) 하더라고요.

① 빌려 주라고 ② 빌려 줬다고
③ 빌려 달라고 ④ 빌리겠느냐고

3.

> 여행을 떠난 동생이 한 달이 (   ) 연락이 없어서 걱정이에요.

① 되거든 ② 되도록
③ 될지라도 ④ 되더라도

4.

> 네가 그 사람보다 능력이 부족한 것도 아닌데 (   ) 승진을 하지 못하는 이유를 모르겠다.

① 그 사람만큼 ② 그 사람조차
③ 그 사람이라도 ④ 그 사람이야말로

5.

> 사고 현장은 너무 충격적이어서 눈 뜨고는 (   ).

① 못 본 척했다 ② 못 볼 뿐이었다
③ 못 본 셈이었다 ④ 못 볼 지경이었다

  다음 밑줄 친 부분이 **틀린** 것을 고르십시오.

6. ① 그 영화의 결말은 절대로 잊지 <u>못할 정도로</u> 충격적이었다.

② 이번에 나온 새 제품은 품질이 이전 <u>제품만 못한</u> 것 같다.

③ 운동화를 <u>산 길에</u> 오랜만에 친구들과 축구를 하기로 했다.

④ 이메일을 보낸 지 <u>일주일이 넘도록</u> 아직 답장이 오지 않았다.

7. ① 그는 마치 모든 것을 <u>아는 것만큼</u> 행동했다.

② 가구를 <u>바꾸는 김에</u> 벽지도 새로 바르기로 했다.

③ 친구는 발표를 할 때도 친구에게 <u>말하듯</u> 편안해 보였다.

④ 지하철에 사람이 얼마나 많던지 꼼짝도 <u>못할 지경이었다.</u>

  다음 밑줄 친 부분과 바꾸어 쓸 수 있는 것을 고르십시오.

8.
> 편하게 쉬고 싶을 때는 <u>집보다 좋은 곳이 어디 있겠어요?</u>

① 집인 셈 칠게요   ② 집인 모양이에요

③ 집에 갈 만해요   ④ 집만 한 곳은 없어요

9.
> 여러분도 <u>보셨듯이</u> 이 건물은 고대 그리스의 건축 양식을 따르고 있습니다.

① 보시느라고   ② 보시자마자

③ 보셨다시피   ④ 보셨더라도

10.
> 그 부부는 결혼한 지 <u>10년이 넘을 때까지</u> 아이가 없어서 걱정이 많았다.

① 10년이 넘듯이   ② 10년이 넘도록

③ 10년이 넘거든   ④ 10년이 넘다가

1회 – 형성평가

1~5 다음 ( )에 알맞은 것을 고르십시오.

1. 이번에 입사한 신입 사원들은 업무에 서툴러서 (   )가 많다.
① 흥미　　　　② 여유　　　　③ 실수　　　　④ 기대

2. 결승전에서 양 팀은 점수를 내지 못하고 전반전을 (   ).
① 놓쳤다　　　　② 마쳤다　　　　③ 이겼다　　　　④ 향했다

3. 어떤 일을 새롭게 시작할 때는 한번 더 (   ) 생각하고 결정해야 한다.
① 우울하게　　　　② 편리하게　　　　③ 신중하게　　　　④ 경솔하게

4. 우리는 무슨 일이든지 다 잘될 거라는 (   )을 가지고 인생을 살아가야 한다.
① 희망　　　　② 고민　　　　③ 소문　　　　④ 조건

5. 외국에서 가족과 떨어져 혼자 살면 너무 (   ).
① 부럽다　　　　② 아쉽다　　　　③ 급하다　　　　④ 외롭다

6~9 다음 밑줄 친 부분과 의미가 비슷한 것을 고르십시오.

6. 아이를 <u>기르기</u> 위해 그녀는 다니던 회사를 그만두었다.
① 자라기　　　　② 키우기　　　　③ 아끼기　　　　④ 대하기

7. 사장님께서 이번에 진행되는 사업 계획에 대해 <u>의견</u>을 말해 보라고 하셨다.
① 생각　　　　② 관심　　　　③ 경험　　　　④ 상황

8. 얼굴이 <u>낯익어서</u> 자세히 살펴봤더니 초등학교 동창이었다.
① 낯설어서　　　　② 뛰어나서　　　　③ 선명해서　　　　④ 익숙해서

9. 형은 대학을 졸업하고 <u>직장</u>을 구하기 위해 최선을 다했다.
① 면접　　　　② 취직　　　　③ 일자리　　　　④ 생김새

 다음 (   )에 공통적으로 들어갈 동사를 고르십시오.

10.

> 여행을 가기 전에는 계획을 철저히 (   ) 한다.
> 차를 (   ) 휴게소에 들어가서 잠깐 쉬기로 했다.
> 그는 돈을 많이 벌어서 시내에 건물을 (   ).

① 짓다　　　　② 감다　　　　③ 멈추다　　　　④ 세우다

11.

> 여자 친구는 전화로 싸우다가 말도 없이 먼저 전화를 (   ).
> 선생님께서는 우리를 위해 천천히 문장을 (   ) 읽으신다.
> 그는 고향을 떠나면서 주변 사람들과의 연락을 (   ).

① 끊다　　　　② 받다　　　　③ 걸다　　　　④ 내다

 다음 밑줄 친 부분과 의미가 반대인 것을 고르십시오.

12. 공연장의 조명이 꺼지니까 밤처럼 <u>어두워졌다</u>.

① 환해졌다　　　　② 뚜렷해졌다　　　　③ 단단해졌다　　　　④ 가득해졌다

13. 폭설이 내릴 거라는 일기 예보를 듣고 여행을 다음 달로 <u>미뤘다</u>.

① 당겼다　　　　② 잡았다　　　　③ 맡겼다　　　　④ 골랐다

 다음 (   )에 알맞은 것을 고르십시오.

14.

> 가 : 도대체 카메라를 쓰고 어디에 둔 거예요?
> 나 : 정말 미안한데 아무리 (   ) 기억이 잘 안 나요.

① 생각해 봐도　　　　　　　② 생각해 보면
③ 생각해 봐서　　　　　　　④ 생각해 보니까

15.

> 가 : 그거 웬 자전거예요?
> 나 : 김 대리가 제 자전거를 하루만 (   ) 해서 가져왔어요.

① 빌렸다고　　　　　　　　② 빌리겠다고
③ 빌리느냐고　　　　　　　④ 빌리겠냐고

16.

가 : 사장님이 왜 그렇게 화를 내셨어요?
나 : 제가 보고서를 늦게 (   ).

① 내든지요   ② 낼까 해서요

③ 낸 탓이에요   ④ 내려고 해요

17.

가 : 죄송합니다. 제가 급하게 (   ) 서류를 놓고 왔습니다.
나 : 급하다 보면 그럴 수도 있죠. 다음에 갖다 주셔도 돼요.

① 나오던데   ② 나오더니

③ 나오게 되면   ④ 나오는 바람에

18.

가 : 우와, 여기는 책이 진짜 많네요.
나 : 맞아요. (   ) 많은 책을 판매하는 곳도 드물 거예요.

① 여기까지   ② 여기마저

③ 여기처럼   ④ 여기치고

19~23   다음 밑줄 친 부분이 틀린 것을 고르십시오.

19. ① 친구가 같이 밥을 <u>먹자고 했다</u>.

② 그는 내일 출장을 <u>갈 거다고 했다</u>.

③ 일기예보에서 내일은 눈이 <u>온다고 했다</u>.

④ 선생님께서 어제 무엇을 <u>했느냐고 물어보셨다</u>.

20. ① 길이 <u>막히느라고</u> 약속 시간에 늦었다.

② 요즘은 <u>바빠서</u> 운동할 시간이 없다.

③ 날이 <u>어두워질수록</u> 도로가 한산해졌다.

④ 이렇게 <u>해서는</u> 오늘도 일이 안 끝날 것 같다.

21. ① 할머니를 <u>데리고</u> 집에 갈게요.

② 총장님께서 저에게 큰 상을 <u>주셨어요</u>.

③ 우리 아버지께서는 재산이 꽤 <u>많으셨어요</u>.

④ 혹시 시간이 <u>있으시면</u> 저와 술 한잔 하시겠어요?

22. ① TV에서 재미있는 영화를 <u>하길래</u> 봤어요.

② 고향에 <u>도착하거든</u> 잊지 말고 연락주세요.

③ 내일 서울에 <u>갈 김에</u> 친구를 만나려고 해요.

④ 이번 달은 <u>보험료 인상으로 인해</u> 지출이 늘었다.

23. ① 친구가 같이 영화 <u>보재요.</u>

② 수미는 지난주에 정말 <u>바쁘대요.</u>

③ 정아가 민수에게 선생님을 <u>만나래요.</u>

④ 친구가 점심 때 무엇을 먹을 <u>거냬요.</u>

 다음 밑줄 친 부분과 바꾸어 쓸 수 있는 것을 고르십시오.

24.
> 가 : 팔이 왜 그래요?
> 나 : 오는 길에 접촉 사고가 <u>나는 바람에</u> 조금 다쳤어요.

① 나길래   ② 나거든

③ 난 탓에   ④ 나느라고

25.
> 가 : 지금 그곳은 홍수가 났다면서요?
> 나 : 네. 집이 물에 다 <u>잠길 정도로</u> 비가 많이 왔어요.

① 잠길 만큼   ② 잠기더라도

③ 잠길 뻔하게   ④ 잠기기는커녕

26.
> 가 : 부장님, 만약 내일 비가 오면 어떡해요?
> 나 : 비가 <u>오더라도</u> 행사는 계획대로 진행할 거예요.

① 와도   ② 오니까

③ 오더니   ④ 오는 통에

 다음을 읽고 물음에 답하십시오.

> 가 : 무분별한 개발과 환경 오염, 기후 변화로 인해 강이 오염되고 있어요.
> 나 : 맞아요. 이렇게 계속 환경이 (㉠) 마실 물도 부족해질 거예요.
> 가 : 인간이 편하게 살려고 개발한다는 것이 (㉡) 큰 재앙을 불러왔군요.

27. ㉠에 알맞은 것을 고르십시오.

① 오염되길래 ② 오염되다가는

③ 오염된 셈치고 ④ 오염되다 보니까

28. ㉡에 알맞은 것을 고르십시오.

① 도대체 ② 오히려 ③ 차라리 ④ 아무튼

> 　장기 불황이 계속되고 있다는 말이 실감나지 않을 정도로 물건이 (　㉠　) 팔리는 곳에 나와 있습니다. 바로 시청률 40%를 넘긴 국민 드라마 '사랑하는 사람'의 배경이 되고 있는 '다소니' 브랜드 매장입니다.
> 　"안녕하십니까? '다소니' 제품을 선택하게 된 특별한 이유가 있습니까?"
> 　"드라마 보고 와 봤습니다."
> 　최근 이처럼 드라마를 이용한 광고 마케팅이 허용되면서 물건이 없어서 (　㉡　) 호황을 누리고 있는 제품들이 등장하고 있습니다. 간접광고의 수위가 상식선을 넘어서고 있다는 우려의 시선이 있지만 홍보 효과가 높은 만큼 향후 PPL(Product PLacement) 마케팅은 더욱 확대될 것으로 보입니다.

29. ㉠에 어울리지 <u>않는</u> 것을 고르십시오.

① 아주 잘 ② 불티나게

③ 날개처럼 ④ 날개 돋친 듯이

30. ㉡에 알맞은 것을 고르십시오.

① 못 팔거든 ② 못 팔 정도로

③ 못 파는 김에 ④ 못 파는 바람에

CHAPTER 04

어휘 ▶▶ 부사 1

문법 ▶▶ 피동 · 강조 · 완료 · 순차

01 피동

02 이중부정

03 –(이)야말로

04 얼마나 –(으)ㄴ/는지 모르다

05 –고말고(요)

06 –고 말다

07 –아/어 버리다

08 –아/어 내다

09 –는 대로

10 –자마자

어휘-부사 1

❖ 어휘알기

겨우	약속 시간에 맞춰 **겨우** 도착했다.
이미	그 얘기는 **이미** 많이 들었다.
도저히	그 사람 말은 **도저히** 믿을 수 없다.
우선	**우선** 밥부터 먹고 일을 시작하기로 했다.
바로	도착해서 **바로** 부모님께 전화를 했다.
드디어	**드디어** 중간고사가 끝났다.
거의	나는 고기를 싫어해서 **거의** 먹지 않는다.
별로	그곳에는 **별로** 가고 싶지 않다.
뜻밖에	수업이 늦게 끝날 줄 알았는데 **뜻밖에** 빨리 끝났다.
일부러	그를 만나기 위해 **일부러** 기숙사에 찾아갔다.
마침내	**마침내** 두 사람은 결혼하게 됐다.
마치	그녀는 **마치** 인형처럼 예쁘다.
벌써	한국에 온 지 **벌써** 3년이 되었다.
금방	**금방** 밥을 먹었는데도 배가 고프다.
괜히	가을이 되면 **괜히** 혼자 걷고 싶다.

연습1

※ 다음 (   )에 들어갈 단어를 〈보기〉에서 골라 문장을 완성하십시오.

> | 보기 | 별로   겨우   괜히   뜻밖에   마치   일부러 |

1) 옷을 두껍게 입어서 그런지 (   ) 춥지 않은 것 같다.

2) 이번 실험은 실패할 줄 알았는데 (   ) 잘 되어 간다.

3) 웨딩드레스를 입은 그녀의 모습은 (   ) 천사 같았다.

4) 운전면허 시험에 네 번 떨어지고 (   ) 합격했다.

5) 그녀를 보호하기 위해서 (   ) 거짓말을 했다.

6) 집에 와서 보니까 그 옷과 비슷한 것이 많아 (   ) 샀다는 생각이 들었다.

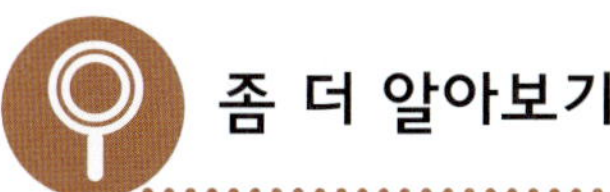

좀 더 알아보기

◇ **유의어**

- 시험에 **겨우** 통과했다 - **간신히**
- 졸업 후 **바로** 취직했다 - **즉시**
- **드디어** 고향에 왔다 - **마침내**
- **거의** A+를 받았다 - **대부분**
- **뜻밖에** 일이 쉽게 해결되었다 - **의외로**

- 비행기는 **이미** 떠났다 - **벌써**
- **우선** 제 얘기를 들어 보세요 - **먼저**
- 날씨가 **별로** 좋지 않다 - **그다지**
- **금방** 집으로 돌아갔다 - **막**
- **괜히** 그 사람이 좋다 - **공연히**

◇ **다의어 및 동음이의어**

붓다	먼저 컵에 커피를 넣고 **물을 부었다.**
	나는 작년부터 은행에 **적금을 붓고** 있다.
	밤늦게 라면을 먹고 자서 **얼굴이 부었다.**
	남자 친구는 내가 자기 생일을 잊어버렸다고 **잔뜩 부어** 있었다.

맞추다	선생님께 혼나지 않으려고 나는 친구와 **입을 맞추었다.**
	찌개가 싱거우면 소금을 넣어서 **간을 맞추세요.**
	아침 운동을 하려고 알람 **시계를** 6시에 **맞추어 놓았다.**
	노래를 부를 때 **음이나 박자를 못 맞추는** 사람을 음치라고 합니다.
	중학교에 입학하기 전에 **교복을 맞추었어요.**

연습2

※ 다음 (   )에 들어갈 단어를 〈보기〉에서 골라 문장을 완성하십시오.

> **보기**　　붓다　　막　　맞추다　　의외로　　그다지　　벌써

1) 남자친구와 헤어져서 밤새 울었더니 아침에 눈이 (　　　　　).

2) 문을 잠그고 밖으로 (　　　　　) 나가려는데 집안에서 전화벨이 울려 다시 들어갔다.

3) 지난주에 비싼 돈을 주고 안경을 (　　　　　) 동생이 망가뜨려서 새로 해야 한다.

4) 약속시간에 한 시간이나 늦어서 친구가 화를 낼 줄 알았는데 (　　　　　) 반갑게 맞아줬다.

1~3 다음 (   )에 알맞은 것을 고르십시오.

1. 피곤해서 일이 끝나면 (   ) 집으로 돌아가고 싶다.
　① 별로　　　　　② 바로　　　　　③ 거의　　　　　④ 마치

2. 내일 사장님 앞에서 발표할 자료를 며칠 밤을 새워 (   ) 완성했다.
　① 잠시　　　　　② 아직　　　　　③ 괜히　　　　　④ 겨우

3. 부모님께서 반대하실 줄 알았는데 (   ) 쉽게 허락해 주셨다.
　① 뜻밖에　　　　② 저절로　　　　③ 좀처럼　　　　④ 제대로

4~6 다음 밑줄 친 부분과 의미가 비슷한 것을 고르십시오.

4. 아무리 설명을 들어도 이 문제는 <u>도저히</u> 이해할 수가 없다.
　① 잠시　　　　　② 미리　　　　　③ 무조건　　　　④ 도대체

5. 어디로 여행갈 것인지는 <u>우선</u> 시험이 끝나고 나서 생각하기로 했다.
　① 거의　　　　　② 먼저　　　　　③ 벌써　　　　　④ 마치

6. 7년의 연애 끝에 <u>드디어</u> 꿈에 그리던 결혼을 하게 되었다.
　① 오히려　　　　② 마침내　　　　③ 일부러　　　　④ 반드시

7 다음 밑줄 친 부분과 의미가 반대인 것을 고르십시오.

7. 서둘러서 약속 장소로 달려갔지만 일행들은 <u>이미</u> 떠난 후였다.
　① 금방　　　　　② 아직　　　　　③ 마침　　　　　④ 아까

8 다음 밑줄 친 부분이 <u>틀린</u> 것을 고르십시오.

8. ① 두 사람은 <u>마치</u> 쌍둥이처럼 생김새가 닮았다.
　② 서둘러 준비하는 걸 보니 <u>방금</u> 학교에 갈 것 같다.
　③ 이 구두는 값도 비싸고 발도 불편한데 <u>괜히</u> 샀다.
　④ 말다툼을 한 이후로는 그와 연락을 <u>거의</u> 안 한다.

속담 및 관용표현

1)

가 : 이번 올림픽에서 박민솔 선수에 대한
    국민들의 기대가 아주 큰데요.
나 : 네. 저에 대한 기대가 큰 만큼 잘해야 된다는
    생각에 **어깨가 무겁습니다**.

2)

가 : 저 지난주에 면접 본 회사에 합격했어요.
나 : 잘됐네요. 그렇게 그 회사에 들어가길 바라더니.
    오늘 밤에는 **발 뻗고 잘 수 있겠네요**.

3)

가 : 어제 내 동생과 네 동생이 말다툼 했다는데
    들었니? 들어보니까 네 동생이 더 잘못한 것
    같던데.
나 : 무슨 소리야. 네 동생이 먼저 화를 냈다는데.
나 : 하하하. **팔은 안으로 굽는다더니** 우리 둘 다
    자기 동생 편만 들고 있네.

4)

가 : 엄마 무슨 음식을 이렇게 많이 준비하셨어요?
나 : 혹시 모자랄까 봐 많이 했지.
가 : 먹을 사람은 5명인데 이건 10인분은 되겠어요.
    엄마는 왜 이렇게 **손이 커요**?

1) 어깨가 무겁다 : 부담이 크다
2) 발 뻗고 자다 : 마음 놓고 편히 자다.
3) 팔은 안으로 굽는다 : 자기와 가까운 사람에게 더 정이 간다.
4) 손이 크다 : 씀씀이가 후하고 크다.

문법-피동·강조·완료·순차

❖ 문법알기

피동		바람 때문에 창문이 **닫혔다**.
		설거지를 하다가 떨어뜨려서 접시가 **깨졌다**.
		이번 여행 장소는 제주도로 **결정되었다**.
강조	이중부정	이렇게 맛있는 음식은 많이 **먹지 않을 수 없어요**.
	-(이)야말로	**인내야말로** 지금 우리에게 가장 필요한 것입니다.
	얼마나 -(으)ㄴ /는지 모르다	새로 시작한 드라마가 **얼마나 재미있는지 몰라요**.
	-고말고(요)	가 : 김치를 좋아하세요? 나 : **좋아하고말고요**. 김치가 없으면 밥을 못 먹을 정도예요.
완료	-고 말다	우리 팀은 최선을 다했지만 경기에 **지고 말았다**.
	-아/어 버리다	방이 너무 좁아 안 쓰는 책상을 **치워 버렸다**.
	-아/어 내다	그는 모든 어려움을 **이겨 내고** 신제품 개발에 성공했다.
순차	-자마자	밖에 **나가자마자** 비가 내리기 시작했다.
	-는 대로	빌린 돈은 월급을 **받는 대로** 돌려 드릴게요.

◈ 피동

01 피동　★ ★ ★　(자세한 내용은 부록 참고)

주어가 아닌 다른 것 때문에 어떤 동작이 일어났다는 것을 나타낸다.

여름에는 **아이스크림이 잘 팔려요**.
창문을 여니까 **아름다운 경치가 보이네요**.
동생이 형에게 **사탕을 빼앗겼어요**.
집에 갔는데 **창문이 열려 있었어요**.
갑자기 **불이 꺼져서** 깜짝 놀랐어요.

◈ 강조

02 이중부정

두 번의 부정 표현을 통하여 강한 긍정을 나타낸다.

성격이 좋고 공부도 잘하니 선생님들이 **좋아하지 않을 수 없다**.
그렇게 갑자기 나타나니 **놀라지 않을 수 없지요**.
좀 비쌌지만 꼭 필요한 물건이라서 **사지 않을 수 없었다**.
친구 모습을 보고 **웃지 않을 수 없었다**.

03 –(이)야말로 ★ ★ ★

대상을 강조하여 표현할 때 사용한다.

믿음이야말로 친구 사이에서 가장 필요한 것이라고 생각합니다.
정이야말로 한국인의 정서를 가장 잘 표현하는 단어이다.
신라의 수도였던 경주야말로 꼭 가 봐야 하는 곳입니다.
건강이야말로 우리 인생에서 가장 중요한 것이다.

04 얼마나 –(으)ㄴ/는지 모르다

듣는 사람이 모르는 사실을 강조하여 표현할 때 사용한다.

이 영화 꼭 보세요. **얼마나 재미있는지 몰라요**.
어제 친구가 좋은 회사에 합격했다는 소식을 듣고 **얼마나 기뻤는지 모른다**.
잠을 자는 아이의 모습을 보면 **얼마나 사랑스러운지 몰라요**.
부모님께 **얼마나 감사한지 몰라요**.

05 –고말고(요)

상대방의 질문에 당연히 그렇다는 긍정적인 대답을 할 때 사용한다.

가 : 예전에 한 번 만난 적이 있는데 저 기억하세요?
나 : **기억하고말고요**. 이렇게 다시 만나게 돼서 얼마나 반가운지 몰라요.

가 : 바둑을 배워 보니까 어때요? 재미있어요?
나 : **재미있고말고요**. 바둑을 두다 보면 시간 가는 줄도 몰라요.

가 : 어제 부모님이 한국에 오셨다면서요? 정말 기뻤겠어요.
나 : **그렇고말고요**. 너무 반가워서 부모님을 뵙자마자 눈물이 나더라고요.

◈ 완료

06 −고 말다 ★★★

어떤 동작이 완전히 끝났다는 것과 말하는 사람의 아쉬움이나 안타까움을 같이 표현할 때 사용한다. 미래 표현과 함께 사용할 때는 강한 의지를 나타낸다.

키우던 강아지가 갑자기 **죽고 말았습니다**.
뛰어갔지만 **버스를 놓치고 말았어요**.
우리 팀은 최선을 다했지만 아쉽게도 **경기에 지고 말았습니다**.
이번 토픽 시험에서는 반드시 **4급에 합격하고 말겠습니다**.
앞으로 어떤 어려움도 **이겨 내고야 말겠어요**.

07 −아/어 버리다

어떤 동작이 완료되었다는 사실과 함께 말하는 사람의 아쉬움, 안타까움, 시원함 등의 감정을 표현할 때나 강조할 때 사용한다.

어제 꼭 해야 할 일이 있었는데 못하고 **자 버렸어요**.
침대를 치워 버렸더니 방이 넓어 보이네요.
일을 다 끝내 버렸더니 기분이 아주 좋네요.
말하지 않으려고 했는데 계속 졸라서 **비밀을 말해 버렸어요**.

08 −아/어 내다

힘들고 어려운 과정을 거쳐서 어떤 결과를 이루었다는 것을 나타낸다.

그는 **다른 사람들의 오해와 질투를 묵묵히 참아 냈다**.
추위와 배고픔을 견뎌 내고 드디어 산 정상에 올라섰다.
그는 온갖 **어려움을 이겨 내고** 사업에 성공했다.
어머니는 경제적 어려움 속에도 **우리 3남매를 훌륭하게 키워 내셨다**.

◈ 순차

09 −자마자 ★★★

어떤 동작 후에 바로 다른 동작이 일어났다는 것을 나타낸다.

어제는 너무 피곤해서 **침대에 눕자마자** 잠이 들었습니다.
아침에 일어나자마자 물을 마시면 건강에 좋다고 한다.
제가 교실에 들어가자마자 친구들이 웃기 시작했습니다.
대학교를 졸업하자마자 취직을 하면 좋겠어요.
방학을 하자마자 고향에 돌아갈 거예요.

10 -는 대로

"앞 문장과 같은 상태가 된 후에 바로"의 의미를 나타낸다.

준비가 되는 대로 떠나겠습니다.
졸업하는 대로 취업을 하고 싶으면 미리미리 준비해야 합니다.
돈이 준비되는 대로 여행을 떠날 거예요.
어제 빌린 책은 **다 읽는 대로** 돌려 드릴게요.

	느낌	주어의 의지로 한 행동	명령, 청유
–고 말다	섭섭함, 아쉬움, 안타까움	X	X
–아/어 버리다	아쉬움, 시원함	O	O

* "–고 말다"와 "–아/어 버리다"는 동작의 완료와 함께 말하는 사람의 감정을 나타낼 수 있다. 또한 미래형과 함께 쓰이면 말하는 사람의 의지를 나타내는 공통점이 있다.

> 키우던 강아지가 **죽고 말았어요**.(아쉬움, 안타까움)
> 키우던 강아지가 **죽어 버렸어요**.(아쉬움, 안타까움)

> 오늘까지 일을 **끝내고 말겠어요**.(의지)
> 오늘까지 일을 **끝내 버리겠어요**.(의지)

* 하지만 두 표현이 나타내는 감정에는 차이가 있다. "–고 말다"는 섭섭함, 아쉬움 등 부정적인 감정을 나타낸다면 "–아/어 버리다"는 섭섭함, 아쉬움 등의 부정적인 감정과 함께 시원함, 후련함 같은 긍정적인 감정도 나타낼 수 있다.

> 뛰어갔지만 버스를 **놓쳐 버렸어요**.(아쉬움, 안타까움)
> 방이 좁아서 침대를 **치워 버렸어요**.(시원함)
> 어제 치과에 가서 충치를 **뽑아 버렸어요**.(시원함, 후련함)

* "–아/어 버리다"는 긍정적인 감정을 나타낼 수도 있기 때문에 주어의 의지로 행한 동작에 쓸 수 있지만 "–고 말다"는 그렇지 않다.

> 방이 좁아서 침대를 **치워 버렸어요**.
> *방이 좁아서 침대를 **치우고 말았어요**.

> 배가 불렀지만 밥이 조금 남아서 다 **먹어 버렸어요**.
> *배가 불렀지만 밥이 조금 남아서 다 **먹고 말았어요**.

＊ "-아/어 버리다"는 명령형, 청유형으로 쓰일 수 있지만 "-고 말다"는 명령형, 청유형과는 쓰이지 않는다.

> 그 일은 오늘까지 **끝내 버리세요**.
>
> *그 일은 오늘까지 **끝내고 마세요**.
>
> 저 쓰레기를 **치워 버립시다**.
>
> *저 쓰레기를 **치우고 맙시다**.

	앞 문장과 뒤 문장의 연관성	뒤 문장의 시제
-자마자	연관성이 없어도 됨	과거, 현재, 미래
-는 대로	반드시 연관성이 있어야 함	현재, 미래

＊ "-자마자"와 "-는 대로"는 "어떤 동작 후에 바로"라는 뜻을 갖고 있다.

> **방학을 하자마자** 고향에 돌아갈 거예요.
>
> **방학을 하는 대로** 고향에 돌아갈 거예요.

> **컴퓨터를 켜자마자** 이메일을 확인할게요.
>
> **컴퓨터를 켜는 대로** 이메일을 확인할게요.

＊ "-자마자"는 앞 문장과 뒤 문장이 연관성이 없어도 쓸 수 있지만 "-는 대로"는 앞 문장과 뒤 문장이 반드시 연관성이 있어야 한다. 또한 "-자마자"는 뒤 문장의 특별한 시제 제한이 없지만 "-는 대로"의 뒤에는 과거형을 쓸 수 없다.

> **창문을 열자마자** 비가 내린다.
>
> ***창문을 여는 대로** 비가 내린다.

> 너무 피곤해서 **침대에 눕자마자** 잠이 들었다.
>
> *너무 피곤해서 **침대에 눕는 대로** 잠이 들었다.

1~3　다음 그림을 보고 피동사를 이용해서 대화를 완성하십시오.

1.

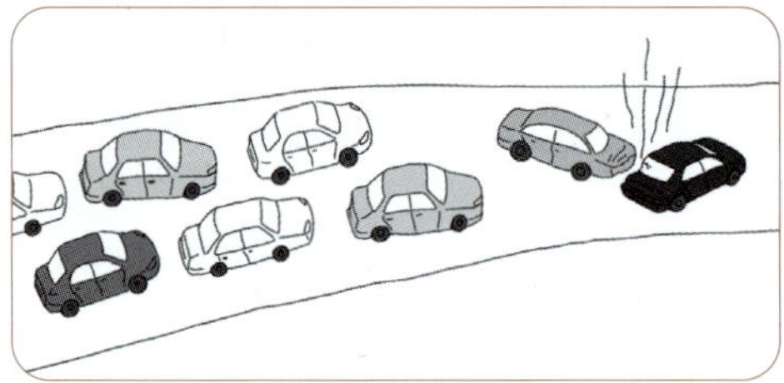

가 : 왜 이렇게 춥지요?

나 : 창문이 ___________ 그래요.
　　 제가 닫을게요.

2.

가 : 왜 이렇게 늦었어요?

나 : 교통사고가 나서 길이 _______
　　 늦었어요.

3.

가 : 동생이 왜 울어요?

나 : 동생이 형에게 과자를 _______
　　 울어요.

4~6　제시된 문법을 이용해서 문장을 완성하십시오.

'–(이)야말로'

4. 김 과장 / 이번 일을 맡기기에 적당한 사람이다

⇨

'–고 말다'

5. 열심히 공부하다 / 시험에 떨어지다

⇨

　'−자마자'

6. 버스에서 내리다 / 비가 오다

⇨

> **보기**　　-(이)야말로　　-고 말다　　-자마자　　-아/어 내다

7. 어제는 너무 피곤해서 집에 ________________ 바로 잠이 들었어요. (돌아오다)

8. 늦잠을 자는 바람에 기차를 ________________ . (놓치다)

9. ________________ 한국에서 가장 아름다운 관광지라고 할 수 있어요. (제주도)

10. 유학 생활이 결코 쉽지는 않았지만 모두 ________________ 졸업했습니다. (이기다)

> **보기**　　뽑다　　물다　　끊다　　밀다

11. 지하철에서 사람들에게 ________________ 넘어졌어요.

12. 친구와 통화하던 중 갑자기 전화가 ________________ .

13. 마침내 그 분이 대통령으로 ________________ .

14. 강아지한테 손을 ________________ .

> **보기**　　쓰다　　지우다　　밝히다

15. 이 펜은 글씨가 참 잘 ________________

16. 김치는 암 예방에 좋은 것으로 이미 ___________________

17. 친구 전화번호를 손에 적었는데 땀 때문에 금방 ___________________

18~20   밑줄 친 부분이 맞으면 ○, 틀리면 X 하십시오.

18. 밖에 <u>나오는 대로</u> 비가 내리기 시작했어요. (　　)

19. 학교에 <u>오자</u> 공부해라. (　　)

20. 회사에 <u>도착하자마자</u> 일을 시작했어요. (　　)

문제1

  다음 (   )에 알맞은 것을 고르십시오.

1.

늦잠을 자는 바람에 중요한 회의에 (   ).

① 늦는 법이에요　　　　　　　　② 늦을 뿐이에요
③ 늦고 말았어요　　　　　　　　④ 늦기에 달렸어요

2.

가 : 수연 씨, 혹시 제가 해 달라고 부탁한 자료 보냈어요?
나 : 죄송해요. 깜빡했어요. 이따가 집에 (   ) 바로 보내 줄게요.

① 들어가게　　　　　　　　　　② 들어가도
③ 들어가려면　　　　　　　　　④ 들어가자마자

3.

가 : 이 세탁기가 마음에 드는데 가격이 좀 비싸군요.
나 : 그렇기는 하지만 이 (   ) 손님이 원하시는 기능을 다 갖춘 것입니다.

① 세탁기보다　　　　　　　　　② 세탁기만큼
③ 세탁기야말로　　　　　　　　④ 세탁기치고는

4.

가 : 리포트는 다 썼어요?
나 : 아니요. 어젯밤에 겨우 앞부분만 쓰다가 (   ).

① 잠이 든 셈이에요　　　　　　② 잠이 들 뻔 했어요
③ 잠이 들어 버렸어요　　　　　④ 잠이 들어야 했어요

5.

가 : 드디어 그 책 완결편이 곧 나온대요.
나 : 네, 저도 들었어요. 책이 (   ) 꼭 사 볼 거예요.

① 나오는 반면　　　　　　　　　② 나오는 대로
③ 나오는 김에　　　　　　　　　④ 나올 뿐만 아니라

6.

> 가 : 정민 씨, 제주도가 한국에서 그렇게 유명해요?
>
> 나 : 그럼요. (　　　　　) 한국을 찾는 외국인들이 꼭 가 봐야 할 곳이에요.

① 제주도나마　　　　　　　② 제주도마저

③ 제주도는커녕　　　　　　④ 제주도야말로

7~8 　다음 밑줄 친 부분이 틀린 것을 고르십시오.

7. ① 갑자기 문이 <u>열리는</u> 바람에 깜짝 놀랐다.

　② 전화기가 <u>꺼서</u> 더 이상 통화를 할 수 없었다.

　③ 아이는 어머니를 보자마자 뛰어가서 그 품에 <u>안겼다</u>.

　④ 열대 지역에서는 모기에 <u>물리지</u> 않도록 주의해야 한다.

8. ① 내일 먹으려고 빵을 <u>만들어 버렸어요</u>.

　② <u>세종대왕이야말로</u> 한국을 대표할 만한 위인이다.

　③ 그는 혼자 힘으로 어려운 일을 모두 <u>이겨 냈어요</u>.

　④ 해외 출장을 <u>가는 김에</u> 그곳에 살고 있는 선배의 집을 방문할 계획이다.

9~10 　다음 밑줄 친 부분과 바꾸어 쓸 수 있는 것을 고르십시오.

9.

> 수업이 <u>끝나는 대로</u> 선생님 사무실로 오세요.

① 끝났으니까　　　　　　　② 끝나더라도

③ 끝나자마자　　　　　　　④ 끝났을 텐데

10.

> 가 : 친구한테 돈을 빌려 주기로 했어요?
>
> 나 : 네. 차마 거절을 못 해서 빌려 준다고 약속을 <u>해 버렸어요</u>.

① 해 냈어요　　　　　　　　② 해 놓았어요

③ 하고 말았어요　　　　　　④ 했으면 했어요

문제2

  다음 (   )에 알맞은 것을 고르십시오.

1.

> 가 : 김 대리, 부장님이 지시하신 일은 끝냈나요?
> 나 : (   ). 벌써 부장님께 가져다 드렸어요.

① 끝나 가요
② 끝내기는요
③ 끝났나 봐요
④ 끝냈고말고요

2.

> 가 : 뭘 그렇게 맛있게 드세요?
> 나 : 학교 앞에서 떡볶이를 샀는데 얼마나 (   ). 한번 드셔 보세요.

① 맛있는지 알아요
② 맛있는지 몰라요
③ 맛있을 줄 알아요
④ 맛있을 줄 몰라요

3.

> 아침에 친구와 만나기로 했는데 늦잠을 (   ) 약속을 못 지켰다.

① 잘 듯해서
② 자 버려서
③ 자곤 하면
④ 자고 나면

4.

> 도서 대출 예약을 해 놓으면 대출 중인 책이 (   ) 책을 빌려 볼 수 있습니다.

① 반납된 대신
② 반납된 나머지
③ 반납되는 대로
④ 반납되는 바람에

5.

> 그녀가 세상의 존경을 받는 이유는 단순히 지금까지 이뤄 온 업적 때문만이 아니라
> 보통 사람들은 상상하기도 힘든 어려움을 (   ) 때문이다.

① 이겨 냈기
② 이긴 듯했기
③ 이길 만했기
④ 이길 뻔했기

 다음 밑줄 친 부분이 **틀린** 것을 고르십시오.

6. ① 동생은 형에게 사탕을 <u>빼앗기고</u> 울음을 터뜨렸다.

② 운동을 하면서 땀을 흠뻑 흘렸더니 스트레스가 확 <u>풀었어요</u>.

③ 무슨 재미있는 일이 있는지 옆 교실에서 큰 웃음소리가 <u>들렸다</u>.

④ 명절에는 고속도로가 늘 <u>막히기</u> 때문에 기차를 타고 고향에 간다.

7. ① 안 보는 책을 <u>정리하고 말았더니</u> 책장이 깔끔해졌다.

② 지하철 문이 <u>열리자마자</u> 승객들이 밖으로 쏟아져 나왔다.

③ 연구팀은 수많은 실패 끝에 드디어 신약을 <u>개발해 내었다</u>.

④ 오늘까지 제출해야 하는 보고서 때문에 밤을 <u>새우지 않을 수 없었다</u>.

 다음 밑줄 친 부분과 바꾸어 쓸 수 있는 것을 고르십시오.

8.

> 가 : 축구가 그렇게 좋아요?
>
> 나 : 그럼요. 재미있고 건강에도 좋으니 <u>어떻게 안 좋아할 수 있겠어요?</u>

① 좋아하기는 해요.　　　　　　② 좋아할지도 몰라요.

③ 좋아하지 않을 수 없어요.　　　④ 좋아하는 척한 모양이에요.

9.

> 아이들은 배가 고팠는지 식사가 <u>준비되자마자</u> 허겁지겁 먹기 시작했다.

① 준비된 탓에　　　　　　　　② 준비될 테니까

③ 준비되려던 참에　　　　　　④ 준비되기 무섭게

10.

> 부모님께 이메일을 쓰고 있었는데 정전이 되면서 컴퓨터가 <u>꺼져 버렸다</u>.

① 꺼진 셈이다　　　　　　　　② 꺼질 뻔했다

③ 꺼지고 말았다　　　　　　　④ 꺼지는 법이다

05

어휘 ▶▶ 동사 2

문법 ▶▶ 사동 · 유지 · 지속 · 의도 · 바람

01 사동

02 -아/어 놓다/두다

03 -아/어 있다

04 -(으)ㄴ 채(로)

05 -아/어 오다/가다

06 -(으)려던 참이다

07 -(으)려고 하다

08 -(으)ㄹ까 하다

09 -았/었으면 하다/싶다

어휘-동사 2

❖ 어휘알기

그만두다	일이 적성에 맞지 않아서 직장을 **그만두었다**.
놓다	잡고 있던 손을 **놓았다**.
사라지다	해가 구름 속으로 **사라졌다**.
지키다	군인들은 나라를 **지킨다**.
이기다	이번 농구 시합에서 우리 팀이 **이겼다**.
남다	이번 달에 쇼핑을 안 해서 용돈이 많이 **남았다**.
느끼다	유학 생활을 통해서 많은 것을 배우고 **느낄** 수 있었다.
증가하다	경기가 좋아지니까 사람들의 소비가 **증가했다**.
발달하다	한국은 정보 통신 기술이 **발달하였다**.
성장하다	어린이에서 청소년으로 **성장했다**.
떠나다	그는 고향을 **떠나서** 서울로 갔다.
돌보다	그녀는 아기를 **돌보느라고** 운동할 시간이 없다.
숨기다	그녀가 보이자 그는 나무 뒤로 몸을 **숨겼다**.
모으다	쓰레기를 한 곳에 **모아서** 버린다.
시키다	박 과장님은 신입 사원에게 일을 **시켰다**.

연습1

※ 다음 (   )에 들어갈 단어를 〈보기〉에서 골라 문장을 완성하십시오.

보기	남다　　숨기다　　느끼다　　성장하다　　지키다　　모으다

1) 예상보다 손님이 적게 와서 준비한 음식이 많이 (　　　　　).

2) 사원들은 돈을 (　　　　　) 불우 이웃 돕기 성금으로 냈다.

3) 군인들은 오늘도 나라를 (　　　　　) 위해 추운 날씨에도 애를 쓰고 있다.

4) 경주에 가면 한국인들의 전통문화를 (　　　　　) 수 있다.

5) 케이크를 몰래 먹다가 동생이 방으로 들어와서 등 뒤로 (　　　　　).

6) 그는 부모님이 일찍 돌아가셨음에도 불구하고 올바르게 (　　　　　).

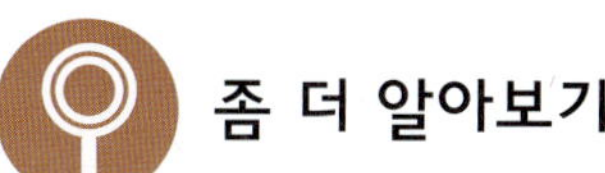 좀 더 알아보기

◇ 유의어

- 가족을 **지키다 - 보호하다**
- 경기에서 **이기다 - 승리하다**
- 자녀가 **성장하다 - 자라다**
- 동생을 **돌보다 - 보살피다**
- 성적표를 **숨기다 - 감추다**

◇ 반의어

- 운동을 **그만두다 - 계속하다**
- 손잡이를 **놓다 - 잡다**
- 범인이 **사라지다 - 나타나다**
- 시간이 **남다 - 부족하다**
- 유학생이 **증가하다 - 감소하다**

◇ 다의어 및 동음이의어

들다	자동차를 고치는 데 **돈이** 많이 **들었다.**
	내가 준비한 선물이 이 **상자 안에 들어** 있다.
	어제 무거운 **물건을 들다가** 허리를 다치고 말았다.
	하루 종일 백화점을 돌아다녔는데 **마음에 드는** 옷을 못 골랐다.
	나이가 들면 얼굴에 주름이 생기기 마련이다.

맡다	아버지가 돌아가신 후로 그 아들이 **회사를 맡게** 되었다.
	내가 화장실에 다녀오는 동안 친구가 **가방을 맡아** 주었다.
	시험 기간이라서 아침 일찍 도서관에 가서 **자리를 맡았다.**
	부모님을 열심히 설득했지만 결국 **허락을 못 맡았다.**
	불고기 **냄새를 맡으니까** 갑자기 배가 고파졌다.

연습2

※ 다음 (   )에 들어갈 단어를 〈보기〉에서 골라 문장을 완성하십시오.

> **보기**　보호하다　맡다　보살피다　나타나다　잡다　들다

1) 철저한 분리수거와 재활용으로 쓰레기를 줄여서 자연을 (　　　　).

2) 남자 아이만 셋을 키우다 보니 식비가 너무 많이 (　　　　).

3) 늙으신 부모님을 (　　　　) 드리기 위해 퇴직 후 시골로 내려갔다.

4) 이 영화의 주인공을 (　　　　) 배우는 요즘 최고의 인기를 누리고 있는 신인이다.

1~3 다음 (   )에 알맞은 것을 고르십시오.

1. 놀이 기구를 탈 때는 위험하니까 손잡이를 (   ) 말고 꼭 잡으세요.
① 두지　　　　　② 놓지　　　　　③ 막지　　　　　④ 닫지

2. 동생에게 집에 오는 길에 마트에 들러서 장을 봐 오라고 (   ).
① 시켰다　　　　② 챙겼다　　　　③ 칭찬했다　　　④ 허락했다

3. 청소년기의 아이들은 운동을 할수록 두뇌가 (   ) 학습 능력이 높아진다고 한다.
① 팽창하여　　　② 발달하여　　　③ 쇠퇴하여　　　④ 발전하여

4~6 다음 밑줄 친 부분과 의미가 비슷한 것을 고르십시오.

4. 지난 10년간 커피, 배추 등의 농산물 수입이 10배나 <u>증가했다고</u> 한다.
① 줄었다고　　　② 하락했다고　　③ 늘어났다고　　④ 성장했다고

5. 직장에 다니는 며느리를 대신하여 손자를 <u>돌보는</u> 할머니들이 많다.
① 맡기는　　　　② 구하는　　　　③ 떠올리는　　　④ 보살피는

6. 그는 그녀에게 줄 반지를 주머니 속으로 <u>숨겼다</u>.
① 꼈다　　　　　② 때렸다　　　　③ 던졌다　　　　④ 감췄다

7~9 다음 밑줄 친 부분과 의미가 반대인 것을 고르십시오.

7. 결혼식을 몇 시간 앞두고 신부가 갑자기 <u>사라져서</u> 온 집안사람들이 찾아 나섰다.
① 없어져서　　　② 나타나서　　　③ 안전해서　　　④ 힘들어서

8. 그는 이번 선거에서 상대편 후보를 큰 표 차이로 <u>이기고</u> 당선되었다.
① 지고　　　　　② 두고　　　　　③ 섞고　　　　　④ 신고

9. 평일에는 바쁘기 때문에 빨래는 <u>모아서</u> 주말에 한꺼번에 세탁한다.
① 나눠서　　　　② 합쳐서　　　　③ 돌려서　　　　④ 아껴서

속담 및 관용표현

가 : 한국어교육원에서 아르바이트 하는 거 어때요?
나 : 좋아요. 일도 하고 선생님들과 얘기도 할 수
　　있고요. 용돈도 벌고 한국어도 늘고
　　꿩 먹고 알 먹기예요.

가 : 저 사람 스타가 되고 나서 성격이 변했다면서요?
나 : 나도 얘기 들었어요.
가 : **개구리 올챙이 적 생각 못 한다고** 사람들이
　　수군거려요.
나 : 전에는 참 겸손한 사람이었는데 안타깝네요.

가 : 지영아, 얼른 텔레비전 끄고 숙제해.
나 : 왜! 언니가 어쩐 일이야?
가 : 엄마 아빠가 싸우셨잖아. 불똥 튀기 전에 빨리
　　꺼.
나 : 알았어. **고래 싸움에 새우 등 터지기 전에**
　　빨리 꺼야겠다.

가 : 수지 씨가 작년에 결혼을 했다면서요?
나 : 주변에 친한 친구들도 수지 씨가 결혼한다는
　　사실을 아무도 몰랐대요.
가 : **쥐도 새도 모르게** 결혼을 했네요.

---

1) 꿩 먹고 알 먹기 : 한 가지 일로 두 가지 이상의 이익이 생긴다.
2) 개구리 올챙이 적 생각 못 한다 : 어렵거나 힘들게 지냈던 예전 일은 생각하지 못하고 잘난 체 한다.
3) 고래 싸움에 새우 등 터진다 : 강한 자들 싸움에 상관도 없는 약한 자가 피해를 본다.
4) 쥐도 새도 모르게 : 아무도 모르게

문법–사동 · 유지 · 지속 · 의도 · 바람

❖ 문법알기

사동		엄마는 아이를 식탁에 **앉히고** 밥을 **먹였다**.
		시력이 안 좋으신 할아버지께서는 자주 내게 신문을 **읽히셨다**.
		선생님께서는 우리에게 영화 감상문을 **쓰게 하셨다**.
유지 ^ 지속	-아/어 놓다/두다	우유를 사서 냉장고에 **넣어 두었다**.
	-아/어 있다	집에 와 보니 문이 **열려 있어서** 깜짝 놀랐다.
	-(으)ㄴ 채(로)	모자를 **쓴 채로** 인사를 하는 것은 실례입니다.
	-아/어 오다/가다	지금까지 최선을 **다해 왔고** 앞으로도 **최선을 다할 것입니다**.
의도 ^ 바람	-(으)려던 참이다	가 : 언제 출발하세요? 이러다가 늦겠어요. 나 : 그렇지 않아도 지금 **출발하려던 참이에요**.
	-(으)려고 하다	다음 토픽 시험에는 중급을 **신청하려고 합니다**.
	-(으)ㄹ까 하다	이번 주말에는 친구들과 등산을 **갈까 해요**.
	-았/었으면 좋겠다/하다/싶다	요새는 너무 바빠서 쉴 시간이 좀 **있었으면 좋겠어요**.

◇ 사동

01 사동 ★★★

주어가 대상에게 어떤 동작을 하게 하거나 대상의 상태를 변화시킬 때 사용한다.

선생님은 **차를 세우고 우리를 태워** 주셨다.
물을 얼리려고 냉동고에 넣어 두었다.
친구는 나에게 **남자 친구 사진을 보여** 달라고 **했다**.
부모님께서는 나에게 **세상을 밝히는** 사람이 되라고 하셨다.
어머니께서는 내가 열 살이 됐을 때부터 **스스로 방 청소를 하게 하셨다**.

◈ 유지 · 지속

02 -아/어 놓다/두다 ★★★

어떤 동작 후에 그 상태가 유지됨을 나타내며 타동사에 사용한다.

문을 열어 놓고 외출하면 안 돼요.
저는 책을 사면 책에 **이름과 전화번호를 적어 놓습니다.**
아침에 먹을 음식을 저녁에 **미리 만들어 두었어요.**
학생증은 **지갑에 넣어 두고 다녀야** 편리합니다.
해외여행을 가려고 **여권을 만들어 두었어요.**

03 -아/어 있다

어떤 동작이 일어난 후에 그 상태가 그대로 유지됨을 나타낸다.

친구 방에 가 보니 **가족사진이 벽에 걸려 있었다.**
오랫동안 **서 있었더니** 다리가 아프네요.
가방에 **다른 사람 지갑이 들어 있어서** 깜짝 놀랐다.
어제 컴퓨터를 안 끄고 잤는지 **컴퓨터가 켜져 있었다.**

04 -(으)ㄴ 채(로)

앞 문장과 같은 동작을 한 후 그 상태가 그대로 유지되는 상황에서 뒤 문장과 같은 동작을 함을
나타낸다. "-고"로 바꿔 쓸 수 있다.

어제는 피곤해서 **안경을 쓴 채로** 잠이 들었어요.
주머니에 손을 넣은 채로 걷는 것은 좋은 습관이 아닙니다.
너무 무서워서 **불을 켠 채** 잠을 잤어요.
창문을 열어 놓은 채 외출하면 안 됩니다.

05 -아/어 가다/오다 ★★★

어떤 동작이 진행되거나 상태가 계속됨을 나타낸다. 과거부터 현재까지 지속된 것은 "-아/어 오
다"를 쓰고 현재부터 지속될 일은 "-아/어 가다"를 쓴다.

10년 전부터 **이 가수를 좋아해 왔습니다.**
작년부터 이 회사에서 **일해 왔어요.**
좀 어렵지만 하나씩 하나씩 **배워 가겠습니다.**
일이 다 끝나 가니까 조금만 기다려 주세요.

◈ 의도 · 바람

06 –(으)려던 참이다

어떤 동작을 막 하려고 하던 순간을 의미한다.

가 : 저녁 먹었어요?
나 : 그렇지 않아도 **지금 먹으려던 참이에요.**

가 : 오후에 수업 있다고 하지 않았어요?
나 : 그렇지 않아도 **지금 나가려던 참이에요.**

가 : 같이 운동하러 갈래요?
나 : 심심해서 **뭐라도 하려던 참이었는데** 잘됐네요.

07 –(으)ㄹ까 하다

아직 결정하지는 않았으나 어떤 동작을 하려는 생각이 있음을 나타낸다.

오늘 점심은 **간단하게 먹을까 합니다.**
친구에게 **영화를 보러 가자고 말해 볼까 해요.**
다음 토픽 시험은 **고급에 응시할까 합니다.**
방학 때 **아르바이트를 할까 했는데** 시간이 없어서 안 될 것 같다.

08 –(으)려고 하다 ★★★

주어의 의도나 계획을 나타내거나 곧 일어날 일이나 상태를 나타낸다.

오후 수업이 끝나면 **도서관에 가려고 해요.**
오늘은 오랜만에 **친구에게 편지를 쓰려고 합니다.**
한국에 온 김에 **여행도 많이 하려고 해요.**
청소를 하려고 했는데 친구가 놀러 와서 못 했어요.
날씨가 추워지려고 하니까 감기 걸리지 않게 조심하세요.

09 –았/었으면 좋겠다/하다/싶다

말하는 사람의 기대나 희망, 바람을 나타낸다.

키가 조금만 **더 컸으면 좋겠어요.**
친구처럼 **노래를 잘 불렀으면 좋겠어요.**
날씨가 **덜 더웠으면 싶어요.**
일을 끝냈으면 했는데 시간이 부족해서 그러지 못했다.

좀 더 알아보기

	특징
–아/어 놓다/두다	타동사와 함께 쓰이며 주어의 능동적인 동작을 나타낸다.
–아/어 있다	자동사와 함께 쓰이며 동작이 끝난 후 주어의 상태를 나타낸다.
–(으)ㄴ 채로	앞의 동작이 끝나고 그 상태가 지속되는 가운데 다른 동작이 일어남을 뜻한다.

✳ **"–아/어 놓다/두다"는 타동사와 함께 쓰인다.**

> 어제 산 **우유를 냉장고에 넣어 두었어요**.
> 선생님의 **연락처를 책에 써 두었어요**.

✳ **"–아/어 있다"는 자동사와 함께 쓰인다.**

> 어제 오랫동안 **서 있었더니** 다리가 아팠다.
> 친구의 책상 위에는 **가족사진이 놓여 있었다**.

✳ **"–(으)ㄴ 채로" 앞의 동작이 끝났고 그 상태가 유지되는 가운데 다른 동작이 일어남을 뜻한다.**

> 어제는 너무 피곤해서 **안경을 쓴 채로 잠이 들었다**.
> 한국에서는 **신발을 신은 채로 집에 들어가면** 안 됩니다.

1~3 다음 그림을 보고 사동사를 이용해서 문장을 완성하십시오.

1.

➭ 엄마가 아기를

__________________________.

2.

➭ 손님이 택시를

__________________________.

3.

➭ 선생님께서 민아에게 책을

__________________________.

4~6 제시된 문법을 이용해서 밑줄 친 부분을 바꾸십시오.

‘–아/어 놓다/두다’

4. 여행을 가려고 돈을 <u>미리 찾았다</u>.

➭

‘–아/어 오다/가다’

5. 한국어를 <u>배운 지</u> 3년이 되었다.

➭

'-(으)려고 하다'

6. 졸업하면 취직을 <u>할 것이다</u>.

⇨

 다음 〈보기〉의 문법을 이용해서 문장을 완성하십시오.

보기   -아/어 놓다/두다   -아/어 가다/오다   -(으)려고 하다

7. 차를 잠시 _________________ 가게에 들러 우유를 샀어요. (세우다)

8. 저는 5년 전부터 그녀와 _________________. (만나다)

9. 꽃병을 거기에 _________________ 위험하니까 다른 데로 치우세요. (올리다)

10. 제가 그 일을 그만둔 지도 벌써 6개월이 다 _________________. (되다)

11. 저는 이번 방학에는 아르바이트를 _________________. (하다)

 '사동표현'을 이용해서 문장을 바꾸십시오.

12. 김치찌개가 맛있게 <u>끓었어요</u>. ⇨ 어머니께서 김치찌개를 맛있게 _________________.

13. 아이가 의자에 <u>앉았어요</u>. ⇨ 엄마가 아이를 의자에 _________________.

14. 학생들이 책을 <u>읽었어요</u>. ⇨ 선생님께서 학생들에게 책을 _________________.

15. 친구가 그 소식을 <u>알았어요</u>. ⇨ 그 소식을 친구에게 _________________.

16. 동생이 침대 뒤에 <u>숨었어요</u>. ⇨ 동생을 침대 뒤로 _________________.

 '-게 하다'를 이용해서 대화를 완성하십시오.

17. 가 : 이 약을 아이에게 어떻게 먹여야 할까요?

　　나 : 하루에 세 번 식후에 _________________.

18. 가 : 딸이 성장할수록 살이 많이 쪄서 고민이에요. 어떻게 하면 좋을까요?

　　나 : 규칙적인 생활과 운동을 꾸준히 _______________________________________.

19~20 '–(으)려던 참이다'나 '–(으)ㄹ까 하다'를 이용해서 문장을 완성하십시오.

19. 이번 휴가 때는 가족과 함께 여행을 _____________________. (가다)

20. 제가 지금 막 _____________________ 조금만 늦게 오셨으면 못 만날 뻔했네요. (나가다)

문제1

 다음 (　　　)에 알맞은 것을 고르십시오.

1.

> 이 일을 맡은 지 벌써 일 년이 (　　　　　).

① 되어 간다　　　　　　　　　② 되어 온다

③ 되려고 있다　　　　　　　　④ 되어야 한다

2.

> 가 : 내일이 시험인데 공부 안 하고 뭐 해요?
> 나 : 네. 그렇지 않아도 지금 막 (　　　　　).

① 하곤 했어요　　　　　　　　② 하고 말았어요

③ 할 모양이에요　　　　　　　④ 하려던 참이었어요

3.

> 가 : 이번 주말에 특별한 계획이 있어요?
> 나 : 영화를 볼 거예요. 벌써 영화표도 (　　　　　).

① 예매했나 봐요　　　　　　　② 예매했으면 해요

③ 예매할 뻔했어요　　　　　　④ 예매해 놓았어요

4~5 다음 밑줄 친 부분이 틀린 것을 고르십시오.

4. ① 비가 오니까 따뜻한 음식을 <u>시키려고 합시다</u>.

② 지금까지 <u>모아 오던</u> 우표를 동생 생일 선물로 주려고 합니다.

③ 나쁜 습관을 하나씩 <u>고쳐 가도록</u> 하겠습니다.

④ 음식을 미리 <u>만들어 놓으면</u> 맛이 없으니까 조금 이따가 만들겠습니다.

5. ① 새로 산 치마가 너무 커서 조금 <u>줄였다</u>.

② 친구들이 적게 와서 음식이 많이 <u>남겼다</u>.

③ 늦게까지 잠을 자고 있는 친구를 <u>깨웠다</u>.

④ 약속 시간에 늦어서 출발하려는 택시를 뛰어가서 <u>세웠다</u>.

 다음 밑줄 친 부분과 바꾸어 쓸 수 있는 것을 고르십시오.

6.

> 무조건 굶는 것만으로 체중을 <u>줄이고자</u> 하는 것은 바람직하지 않습니다.

① 줄이곤 　　　　　　　　　② 줄이라고

③ 줄이려고 　　　　　　　　④ 줄이기로

7.

> 가 : 정아 씨, 지금 어디예요?
> 나 : 죄송해요. <u>거의 다 왔어요</u>.

① 다 왔어요 　　　　　　　　② 다 와 가요

③ 아직 멀었어요 　　　　　　④ 이미 도착했어요

8.

> 가 : 얼굴이 왜 그래요?
> 나 : 모기한테 물렸어요. 어제 창문을 <u>열어 놓고</u> 잠을 잤거든요.

① 열어 놓은 채 　　　　　　② 열어 놓은 척

③ 열어 놓으면서 　　　　　④ 열어 놓았거나

9.

> 가 : 내일 생일 파티에 필요한 물건은 다 샀니?
> 나 : 네, 아까 집에 돌아오는 길에 미리 <u>사 두었어요</u>.

① 사 봤어요 　　　　　　　② 사 댔어요

③ 사 주었어요 　　　　　　④ 사 놓았어요

 다음을 읽고 (　　　)에 알맞은 것을 고르십시오.

10.

> 　오늘 친구와 같이 아주 특별한 경험을 했다. 친구가 연말도 되었는데 좋은 일 한번 해
> 보자고 제안하여 처음으로 봉사 활동을 가게 된 것이다. 사실 봉사 활동에 (　　　) 걱정
> 부터 앞섰지만 막상 끝나고 나니 정말 잘했다는 생각이 들었다.

① 참여하거든 　　　　　　　② 참여해서는

③ 참여하고 나니까 　　　　　④ 참여하려고 하니까

문제2

1.

> 여행할 시간이 많지 않지만 부산과 경주는 꼭 (   ).

① 가고 말았어요 ② 가 봤으면 해요

③ 갈 리가 없어요 ④ 가려던 참이에요

2.

> 가 : 과장님께서 몸이 안 좋다고 하시더니 오늘은 일찍 집에 들어가셨나 봐요.
> 나 : 컴퓨터가 (   ) 아직 퇴근하신 건 아닌 것 같아요.

① 켜지고 나서 ② 켜지는 통에

③ 켜질 만하니 ④ 켜져 있는 걸 보니

3.

> 오랜만에 시내에 나가 쇼핑을 (   ) 날씨가 안 좋아 그냥 집에 있었다.

① 할 텐데 ② 하는 중에

③ 하는 김에 ④ 할까 했는데

4.

> 오늘 아침에는 너무 피곤하고 정신이 없어서 안경을 (   ) 세수를 하려고 했지 뭐예요.

① 쓴 채로 ② 쓸까 봐

③ 쓰다가는 ④ 쓰느라고

5.

> 다른 나라로 여행을 갈 때는 그 나라의 기본적인 인사말을 (   ) 좀 더 재미있게 여행
> 을 할 수 있다.

① 안 채로 ② 아나 마나

③ 알아 두면 ④ 안다고 해도

6. ① 벽에 그림을 <u>걸려</u> 놓았더니 분위기가 한결 밝아졌다.

② 하루 이상 집을 <u>비울</u> 때는 문단속을 철저히 하시기 바랍니다.

③ 집에 가는데 경찰이 내게 와 신분증을 <u>보여</u> 달라고 요구하였다.

④ 오후에 시간이 나서 빨래를 모아 세탁기를 <u>돌리고</u> 집안 곳곳을 청소했다.

7. ① 밥을 먹은 채로 바로 이를 닦아야 치아 건강에 좋습니다.

② 선물을 하나만 사려고 했는데 친구 생각이 나서 하나 더 샀다.

③ 부모님께 전화를 걸려던 참이었는데 부모님께서 전화를 하셨다.

④ 교실에서 이상한 냄새가 나서 환기를 시키려고 창문을 열어 놓았다.

8~10　다음 밑줄 친 부분과 바꾸어 쓸 수 있는 것을 고르십시오.

8.

> 직장 근처로 이사를 하고 싶어 좀 알아 봤는데 집값이 너무 비싸 당분간은 이사를 못할 것 같다.

① 하는 한　　　　　　　　② 해 가지고

③ 하는 탓에　　　　　　　④ 했으면 해서

9.

> 선생님은 학생들에게 교재에 나온 내용을 크게 읽혔다.

① 읽듯 했다　　　　　　　② 읽게 했다

③ 읽을까 했다　　　　　　④ 읽다시피 했다

10.

> 가 : 철수 씨, 커피 한 잔 드시고 하세요.
> 나 : 그렇지 않아도 커피를 마시려고 했는데 잘 마실게요.

① 마셨을 텐데　　　　　　② 마실걸 그랬는데

③ 마셨을 뿐이었는데　　　④ 마시려던 참이었는데

CHAPTER 06

어휘 ▶▶ 명사 2

문법 ▶▶ 한정 · 추가 · 목적

01 -(으)ㄹ 뿐이다
02 -기만 하다
03 -밖에
04 -(으)ㄹ 뿐만 아니라
05 -(으)ㄴ/는 데다가
06 -을/를 비롯해서
07 -조차
08 -마저
09 -게
10 -도록2
11 -(으)ㄹ 겸(해서)
12 -기 위해(서)

어휘–명사 2

❖ 어휘알기

기회	**기회**가 되면 외국으로 유학을 가고 싶다.
경험	신입 사원은 **경험**이 부족하여 일이 서툴다.
적성	**적성**에 맞는 직업을 선택해야 한다.
조건	그 회사는 입사 **조건**이 너무 까다롭다.
계획	여행을 떠나기 전에 **계획**을 세워야 한다.
장점	그의 **장점**은 쉽게 포기하지 않는다는 것이다.
모습	그의 **모습**이 많이 달라져서 못 알아봤다.
역할	그는 회사에서 중요한 **역할**을 맡고 있다.
고민	졸업이 다가오니 취직 문제로 **고민**이 많다.
순서	수험 번호 **순서**대로 자리에 앉았다.
성격	그는 **성격**이 매우 활발하다.
추억	지나간 **추억**을 떠올리면 행복해진다.
변화	자라면서 신체의 **변화**가 생겼다.
능력	김 부장님은 업무 처리 **능력**이 뛰어나다.
사이	창문 **사이**로 햇빛이 들어온다.

연습1

※ 다음 (   )에 들어갈 단어를 〈보기〉에서 골라 문장을 완성하십시오.

> **보기**   계획   고민   능력   역할   순서   성격

1) 일자리를 잡지 못해 요즘 그는 밥도 먹지 못할 정도로 (   ) 많다.

2) 내일 아침 일찍 아무에게도 알리지 않고 제주도로 떠날 (   ).

3) 한 사람의 실수로 공연 (   ) 뒤죽박죽 되었다.

4) 그는 (   ) 원만하여 여러 사람들하고 잘 어울린다.

5) 박 과장님은 업무 처리 (   ) 뛰어나서 사장님의 신임을 얻었다.

6) 연극 무대에서 너무 긴장한 나머지 내가 맡은 (   ) 무엇인지도 잊어버렸다.

 **좀 더 알아보기**

◆ **유의어**

- 회사 **경험**을 쌓다 - **경력**
- 입사 **조건**을 갖추다 - **자격**
- **모습**이 닮았다 - **생김새**
- 조직에서 **역할**을 맡다 - **임무**
- **고민**을 털어놓다 - **걱정**

- **순서**를 기다리다 - **차례**
- **장점**이 많다 - **좋은 점**
- **추억**을 떠올리다 - **기억**
- **능력**이 뛰어나다 - **실력**
- 문 **사이**에 끼다 - **틈**

◆ **다의어 및 동음이의어**

맞다	한국 음식은 매운 음식을 좋아하는 내 **입에 잘 맞는다.**
	그 문제에 대한 **답이 맞는지** 책을 살펴보았다.
	새해를 맞아 신년 인사를 드리기 위해 할머니 댁으로 갔다.
	이 옷은 디자인도 마음에 들고 **사이즈도 잘 맞는다.**
	적성에 맞는 직업을 구해야 행복할 수 있다.

가리다	잘못된 **문장을 가려 내는** 문제는 너무 어렵다.
	지금은 누구의 **잘잘못을 가릴** 때가 아니다.
	건강해지려면 **음식을 가리지** 않고 골고루 먹어야 한다.
	나는 **낯을 가려서** 처음 만나는 사람과 대화를 잘 못한다.
	햇빛 때문에 눈이 부셔서 커튼으로 **창문을 가렸다.**

연습2

※ 다음 (   )에 들어갈 단어를 〈보기〉에서 골라 문장을 완성하십시오.

> **보기**   걱정   맞다   자격   가리다   틈   임무

1) 겨울철에는 창문 (   ) 바람이 들어와서 실내에 있어도 춥게 느껴진다.

2) 앞자리에 앉은 사람의 머리 때문에 화면이 반쯤 (   ) 영화를 잘 볼 수 없었다.

3) 신청서를 써서 이번 주까지 제출하고 회비를 내면 회원 (   ) 얻을 수 있다.

4) 겨울 방학을 (   ) 학기 중에 시간이 없어서 읽지 못했던 책을 몽땅 읽으려고 한다.

  다음 (   )에 알맞은 것을 고르십시오.

1. 영업하는 일이 (   )에 맞지 않아 회사를 그만두기로 했다.
　① 사정　　　　　② 계획　　　　　③ 적성　　　　　④ 관심

2. 결혼할 상대를 선택할 때 가장 중요하게 보는 (   )은 바로 성격이다.
　① 상황　　　　　② 자격　　　　　③ 실력　　　　　④ 조건

3. 박물관 관람은 그 나라의 문화를 이해하는 데 좋은 (   )가 된다.
　① 연구　　　　　② 기회　　　　　③ 결과　　　　　④ 재주

4. 사회적인 (   )에 따라 사람들의 생각도 많이 달라졌다.
　① 단계　　　　　② 자취　　　　　③ 변화　　　　　④ 추억

  다음 밑줄 친 부분과 의미가 비슷한 것을 고르십시오.

5. 입국 심사를 받기 위해 사람들은 한 줄로 서서 <u>순서</u>를 기다렸다.
　① 차례　　　　　② 결과　　　　　③ 소식　　　　　④ 연락

6. 웃을 때마다 반달눈이 되는 그녀의 귀여운 <u>모습</u>에 반했다.
　① 바탕　　　　　② 무늬　　　　　③ 감정　　　　　④ 생김새

7. 요즘은 비싼 등록금 때문에 <u>고민</u>을 하다가 휴학하는 학생들이 늘어나고 있다.
　① 상상　　　　　② 걱정　　　　　③ 진행　　　　　④ 표현

8. 그는 시장에 당선되면 시민들을 위해 맡은 <u>역할</u>을 충실히 하겠다고 했다.
　① 근무　　　　　② 사업　　　　　③ 임무　　　　　④ 계약

  다음 밑줄 친 부분과 의미가 반대인 것을 고르십시오.

9. 이 회사에서 만든 자동차는 연료 소비가 적다는 <u>장점</u>이 있다.
　① 영향　　　　　② 단점　　　　　③ 강점　　　　　④ 특징

속담 및 관용표현

1)

가 : 옷을 사서 한 번밖에 안 입었는데 벌써
   찢어졌어요. 다음부터는 좀 비싸도 품질이
   좋은 걸로 사야겠어요.

나 : 그러게요. **싼 게 비지떡이라고** 아무래도
   값이 싸면 품질이 나쁠 수밖에 없어요.

2)

가 : 제 노트북 컴퓨터가 며칠 전부터 갑자기
   속도가 느려졌어요.

나 : 제가 잠깐 볼까요? 아, 이건 제가 금방 해결할
   수 있겠는데요. 이 정도는 저한테는
   누워서 떡 먹기니까 언제든지 말씀하세요.

3)

가 : 여보, 이거 포도주와 소고기인데 오늘 거래처에
   갔다가 선물 받았어요.

나 : 잘됐네요. 우리 이사해서 집들이도 해야 하는데
   오늘 저녁에 사람들을 집으로 초대 하는 게
   어때요?

가 : 좋아요. **떡 본 김에 제사 지낸다고** 집들이를
   하는 게 좋겠네요.

4)

가 : 여기 빵은 맛도 좋지만 모양도 참 예쁜 것
   같아요.

나 : 빵집 사장님이 음식 모양에도 신경을 많이
   쓰나 봐요.

가 : 아무래도 **보기 좋은 떡이 먹기에도 좋은
   법이니까요.**

1) 싼 게 비지떡 : 값이 싼 제품은 그만큼 품질도 나쁘다.
2) 누워서 떡 먹기 : 하기가 매우 쉬운 것.
3) 떡 본 김에 제사 지낸다 : 기회가 좋을 때 하려던 일을 해치운다.
4) 보기 좋은 떡이 먹기에도 좋다 : 겉모양이 좋으면 속의 내용도 좋다.

문법–한정 · 추가 · 목적

❖ 문법알기

한정	-(으)ㄹ 뿐이다	우리는 그냥 친구 **사이일 뿐입니다**.
	-기만 하다	그녀는 아무 말도 하지 않고 계속 **울기만 했다**.
	-밖에	내 지갑에는 약간의 **돈과 가족사진밖에** 없다.
추가	-(으)ㄹ 뿐만 아니라	그 친구는 **똑똑할 뿐만 아니라** 성격도 좋아서 친구들에게 인기가 많다.
	-(으)ㄴ/는 데다가	지하철은 **편리한 데다가** 빨라서 자주 이용하는 편입니다.
	-을/를 비롯해서	**선생님을 비롯해서** 우리 반 친구들이 모두 내 생일을 축하해 주었다.
	-조차	목이 너무 아파 **물조차** 마시기 힘들다.
	-마저	**너마저** 나를 안 믿으면 누가 나를 믿겠니?
목적	-게	길이 미끄러우니까 **넘어지지 않게** 조심하십시오.
	-도록2	자는 친구가 **깨지 않도록** 조용히 문을 열고 들어갔다.
	-(으)ㄹ 겸(해서)	**쇼핑도 할 겸 친구도 만날 겸해서** 시내에 다녀왔다.
	-기 위해서	이번 시험에 꼭 **합격하기 위해서** 최선을 다하고 있습니다.

◈ 한정

01 –(으)ㄹ 뿐이다 ★★★

그 이상도 이하도 아니고, 표현한 그 상황만이라는 것을 나타낸다.

우리 두 사람은 (연인 관계가 아니라) 그냥 **친구 사이일 뿐입니다**.
제가 바라는 것은 **가족과 오래오래 행복하게 살고 싶을 뿐입니다**.
그 사람은 **얼굴만 알 뿐이에요**.
친구가 다쳤다는 것만 들었을 뿐이고 왜 다쳤는지는 모릅니다.
지금 제가 가진 것은 **성실함뿐입니다**.

02 –기만 하다

어떤 동작만 하거나 어떤 특징만 있다는 것을 나타낸다.

내일이 시험인데 **놀기만 해서** 걱정이다.

배가 많이 고팠는지 고개도 들지 않고 **먹기만 했다**.

이 영화는 재미는 하나도 없고 **길기만 해요**.

다른 사람들은 별로라고 하지만 난 이 노래가 **좋기만 하다**.

03 –밖에

이것 외에는 다른 것이 없음을 나타낸다.

나는 아직 한국 친구가 **2명밖에 없다**.

어제는 **2시간밖에 못 자서** 피곤해요.

내가 아는 노래는 **이것밖에 없다**.

그는 **자기밖에 모르는** 사람이다.

◈ 추가

04 –(으)ㄹ 뿐만 아니라

앞 내용에 뒤의 내용을 더함을 나타낸다.

기숙사는 **환경이 좋을 뿐만 아니라** 안전하기도 해서 신청자가 많습니다.

김치는 **맛있을 뿐만 아니라** 건강에도 좋습니다.

그 이야기를 들었을 뿐만 아니라 직접 확인하기도 했다.

선물뿐만 아니라 축하 카드도 준비했다.

05 –(으)ㄴ/는 데다가　★★★

앞 문장의 내용에 뒤 문장의 내용을 더할 때 사용한다.

동생은 **운동도 잘하는 데다가** 똑똑해서 진짜 부러워요.

음식이 **매운 데다가** 맛도 별로여서 거의 먹지 않았어요.

감기에 걸린 데다가 잠도 잘 못 자서 오늘은 좀 쉬고 싶다.

> *그 사람은 **머리도 좋은 데다가 공부도 안 해요.**
> → 앞 문장과 뒤 문장에 나오는 내용은 둘 다 부정적이거나 긍정적이어야 한다.

06 -을/를 비롯해서

앞의 대상을 포함한다는 것을 나타낸다.

그 친구는 **한국어를 비롯해서** 영어, 일본어까지 할 수 있다.
교실에는 **컴퓨터를 비롯해** 필요한 모든 시설이 갖추어져 있었다.
이 시장은 **의류를 비롯해** 다양한 제품을 팔고 있습니다.
한국 노래는 **아시아를 비롯해** 세계 각지에서 인기를 끌고 있다.

07 -조차 ★★★

"-도"와 유사한 의미로 어떤 상황에 가장 최후의 것이나 기본적인 것을 더하여 극단적인 상황임을 나타낸다.

나중에는 **가족조차** 그를 믿지 않았다.
문제가 굉장히 어려워서 **공부를 제일 잘하는 친구조차** 성적이 좋지 않다.
친구는 나와 싸운 이후로 **인사조차** 하지 않는다.
내게 이렇게 좋은 일이 생기리라고는 **생각조차** 하지 못했다.
영화를 본 지 오래돼서 **제목조차** 생각나지 않는다.

08 -마저

"-도"와 유사한 의미로 어떤 상황에 그 이상의 것이 더해짐을 나타내며 가장 마지막 남은 것이라는 의미를 지닌다. 대부분의 경우 "-조차"와 바꿔 쓸 수 있다.

기분도 나쁜데 **날씨마저** 안 좋았다.
조금 남았던 돈마저 다 써 버렸다.
목이 너무 아파서 **물마저** 마시기 힘들다.
다른 사람은 어쩔 수 없지만 **너마저** 나를 떠나면 어떡해?

◈ 목적

09 -게

뒤 문장과 같은 행동의 목적을 나타낸다.

잘 보이게 크게 써 주세요.
이것 좀 사게 돈좀 빌려 주시겠어요?
정해진 시간까지 끝낼 수 있게 모두들 열심히 했다.
감기가 빨리 낫게 푹 쉬었다.

10 -도록2 ★★★

앞 문장과 같은 일이 일어나기를 바라며 뒤 문장과 같은 동작을 함을 나타낸다.

면접에서 **좋은 인상을 줄 수 있도록** 최선을 다하겠습니다.
오늘 공부한 내용을 잊지 않도록 공책에 적어 두었어요.
친구들에게 **믿음을 줄 수 있도록** 약속을 꼭 지킬 거예요.
친구들이 **공부에 집중할 수 있도록** 수업 시간에는 조용히 해 주세요.

11 -(으)ㄹ 겸(해서)

두 가지 이상의 목적이 있음을 나타낸다.

친구도 만날 겸 여행도 할 겸해서 제주도에 다녀왔다.
숙제도 할 겸 이메일을 확인도 할 겸 컴퓨터를 켰다.
기숙사비도 낼 겸 필요한 것도 좀 살 겸해서 돈을 찾았어요.
오랜만에 **네 얼굴도 볼 겸해서** 왔어.

12 -기 위해(서)

어떤 행동의 목적이나 의도를 나타낸다.

전공을 살리기 위해서 한국에 왔어요.
건강하게 살기 위해서는 규칙적인 운동과 바른 식생활이 필요합니다.
좋은 성적을 받기 위한 방법에는 어떤 것들이 있습니까?
부모님이 아니라 **저 스스로를 위해서** 모든 일에 최선을 다할 거예요.

	공통적인 의미	특징
–도	더함	긍정적, 부정적 상황에 다 쓸 수 있음
–까지	더함	긍정적, 부정적 상황에 다 쓸 수 있음
–조차	더함	부정적인 상황에 쓰며 부정문에 많이 쓰임
–마저	더함	부정적인 상황에 쓰임

✱ "–도"와 "–까지"는 긍정적인 상황과 부정적인 상황 모두 쓸 수 있지만 "–조차", "–마저"는 대부분 부정적인 경우에 사용한다.

거짓말을 밥 먹듯이 해서 나중에는 **그의 가족들도** 그를 믿지 않았다.
거짓말을 밥 먹듯이 해서 나중에는 **그의 가족들까지** 그를 믿지 않았다.
거짓말을 밥 먹듯이 해서 나중에는 **그의 가족조차** 그를 믿지 않았다.
거짓말을 밥 먹듯이 해서 나중에는 **그의 가족들마저** 그를 믿지 않았다.

축하를 받은 것도 기쁜데 **선물도** 받아서 정말 기분 좋은 날이었다.
축하를 받은 것도 기쁜데 **선물까지** 받아서 정말 기분 좋은 날이었다.
*축하를 받은 것도 기쁜데 **선물조차** 받아서 정말 기분 좋은 날이었다.
*축하를 받은 것도 기쁜데 **선물마저** 받아서 정말 기분 좋은 날이었다.

연습

 다음 그림을 보고 제시된 문법을 이용해서 문장을 만드십시오.

1.

-(으)ㄴ/는 데다가

⇨

2.

-조차

⇨

 제시된 문법을 이용해서 밑줄 친 부분을 바꾸십시오.

'-(으)ㄹ 뿐이다'

3. 그녀와 나는 <u>친구 사이이다</u>.

⇨

4. 매일 배운 내용을 <u>복습했는데</u> 좋은 성적을 받았어요.

⇨

 제시된 문법을 이용해서 문장을 완성하십시오.

'-도록'

5. 약속을 잊어버리지 않다 / 수첩에 메모를 하다

⇨

6. 비행기 시간에 늦지 않다 / 서둘러서 떠나다

⇨

7~10 다음 〈보기〉의 문법을 이용해서 문장을 완성하십시오.

> 보기   -(으)ㄴ/는 데다가   조차   -(으)ㄹ 뿐이다   -도록   -(으)ㄹ 겸해서

7. 감기에 걸리지 _______________ 외투를 입으세요. (않다)

8. 아름다운 경치도 보고 스트레스도 _______________ 여행을 다녀왔어요. (풀다)

9. 아침에 늦게 _______________ 스쿨버스까지 놓쳐서 지각했어요. (일어나다)

10. 남자 친구와 헤어진 그녀는 눈물만 _______________ . (흘리다)

11~14 다음 글을 읽고 어울리는 어휘를 〈보기〉에서 골라 쓰십시오.

> 보기   마저   조차   밖에   치고

11. 내 동생은 초등학생(   ) 키가 매우 커서 고등학생처럼 보인다.

12. 정아 씨도 고향에 돌아갔는데 수진 씨(   ) 가신다니 너무 섭섭하네요.

13. 나에게 돈을 빌려줄 수 있는 사람은 너(   ) 없어.

14. 이 문제는 너무 어려워서 공부를 제일 잘하는 친구(   ) 못 풀었어요.

15~20 다음 문장을 연결하십시오.

15. 그는 성격이 좋을 뿐만 아니라 ☐　　☐ 얼굴도 잘 생겼다.

16. 좋은 회사에 취직하기 위해서 ☐　　☐ 일찍 출발했습니다.

17. 용돈을 다 써서 점심을 먹을 돈조차 ☐　　☐ 우리 모두 알고 있다.

18. 학교에 늦지 않도록 ☐　　☐ 우체국에 갔어요.

19. 돈도 찾고 편지도 부칠 겸해서 ☐　　☐ 준비를 잘해야 합니다.

20. 그 일은 너를 비롯해서 ☐　　☐ 없습니다.

1~3 다음 (   )에 알맞은 것을 고르십시오.

1.

> 가 : 저랑 같이 K-POP 축제에 가지 않으실래요?
> 나 : 좋아요. 유명한 가수들을 볼 수 (   ) 같이 사진도 찍을 수 있다고 하니 좋은 추억을 쌓을 수 있을 것 같아요.

① 있으므로　　　　　　　　② 있는 김에

③ 있으나 마나　　　　　　　④ 있는 데다가

2.

> 가 : 아까 철수 씨랑 같이 가던데 둘이 사귀는 사이예요?
> 나 : 아니요. 우리는 그냥 (   ).

① 친구일 뿐이에요　　　　　② 친구일 리가 없어요

③ 친구여야 할 텐데요　　　　④ 친구일 것까지 없어요

3.

> 가 : 여행은 잘 다녀왔어요?
> 나 : 그곳 날씨가 너무 추워서 (   ) 하기 힘들어서 호텔에만 있다 왔어요.

① 외출만큼　　　　　　　　② 외출조차

③ 외출처럼　　　　　　　　④ 외출이라도

4~5 다음 밑줄 친 부분이 틀린 것을 고르십시오.

4. ① 이곳은 중소 도시치고는 교통이 발달된 편이다.

　　② 사업이 어려워지자 친구들마저 그의 곁을 떠나고 말았다.

　　③ 그 아이는 아직 어린데도 불구하고 이름조차 잘 쓸 수 있다.

　　④ 기차 시간이 오 분밖에 안 남았는데 친구가 아직도 안 오고 있네요.

5. ① 일의 순서만 조금 바꿨을 뿐이에요.

　　② 1년이 넘도록 일이 계획대로 진행되지 않았어요.

　　③ 비가 많이 오는데 바람마저 심하게 불어서 옷이 다 젖었어요.

　　④ 저 식당은 음식이 맛있는 데다가 값이 비싸서 사람들이 자주 안 가요.

  다음 밑줄 친 부분과 바꾸어 쓸 수 있는 것을 고르십시오.

6.

> 가 : 이번 일을 도와주셔서 정말 감사합니다.
> 나 : 뭘요. 제 의견을 조금 <u>냈을 뿐인데요</u>.

① 내기는 했는데요　　　　　② 냈으면 하는데요

③ 내기 마련인데요　　　　　④ 냈을 따름인데요

7.

> 가 : 이번에 추천해 주신 김 군은 어떤 학생입니까?
> 나 : 생각이 <u>올바를 뿐만 아니라</u> 성적도 우수한 학생입니다.

① 올바른 한　　　　　　　② 올바를 텐데

③ 올바른 데다가　　　　　④ 올바른 데 비해

8.

> 가 : 이번 협상이 순조롭지 못한 이유가 뭐예요?
> 나 : 처음부터 조건이 까다로웠는데 <u>금액마저</u> 높게 책정했더라고요.

① 금액만큼　　　　　　　② 금액처럼

③ 금액치고　　　　　　　④ 금액까지

9.

> 가 : 수요일이 장학금 신청 마감일이야. 잊어버리지 <u>않게</u> 잘 적어 둬.
> 나 : 아, 그래? 알려 줘서 고마워.

① 않아야　　　　　　　　② 않도록

③ 않기로　　　　　　　　④ 않으려고

  다음을 읽고 (　　　)에 알맞은 것을 고르십시오.

10.

> 가 : 김 선생님은 항상 학생들을 먼저 생각하시는 것 같아요.
> 나 : 학생들이 열심히 (　　　　) 도와주는 게 스승의 일이잖아요.
> 가 : 맞아요. 저도 좋은 선생님이 되기 위해 더 노력해야겠어요.

① 공부하도록　　　　　　② 공부하든지

③ 공부하던데　　　　　　④ 공부하더라도

  다음 (   )에 알맞은 것을 고르십시오.

1.

> 면접관에게 좋은 첫인상을 (   ) 단정한 옷차림과 헤어스타일, 바른 태도 등 신경 써야 할 것들이 많습니다.

① 주는 김에
② 준다고 해도
③ 주는 바람에
④ 주기 위해서는

2.

> 쉬기도 하고 (   ) 이번 여행의 목적지는 제주도로 결정했다.

① 관광도 할 겸해서
② 관광을 하는 대로
③ 관광도 한 걸 보니까
④ 관광을 한다면 몰라도

3.

> 파리는 유명한 관광지답게 가는 곳마다 (   ) 다양한 국적의 사람들을 만날 수 있었다.

① 유럽 사람조차
② 유럽 사람치고
③ 유롭 사람이라도
④ 유럽 사람을 비롯해서

4.

> 가 : 중국 사람들은 깻잎을 싫어한다고 하던데 소소 씨는 잘 드시네요.
> 나 : 다른 친구들은 못 먹겠다고 하는데 저는 (   ).

① 맛있는 셈이에요
② 맛있는 모양이에요
③ 맛있게 마련이잖아요
④ 맛있기만 하더라고요

5.

> 기차 시간 때문에 서둘러 나오느라고 밥을 (   ) 좀 출출했다.

① 조금이라도 먹었으면
② 조금밖에 못 먹었더니
③ 조금도 못 먹었더라도
④ 조금은 먹을까 싶어서

  다음 밑줄 친 부분이 틀린 것을 고르십시오.

6. ① 아이들이 자신감을 가질 수 있도록 칭찬을 많이 해 주세요.

② 주중인 데다가 오전이라서 그런지 극장 안에는 관객이 거의 없었다.

③ 살짝 밀었을 뿐인데 친구가 넘어져 버려서 당황하지 않을 수 없었다.

④ 9명이 있어야 경기를 할 수 있는데 7명밖에 나와서 경기를 포기해야 했다.

7. ① 그는 말하기도 귀찮은지 묻는 말에 고개를 끄덕이기만 했다.

② 어제는 신입사원의 입사도 축하할 겸해서 부서 전체가 회식을 했다.

③ 잠을 잘 못 잔 데다가 날씨조차 화창하니 더할 나위 없이 기분이 좋다.

④ 이 책은 그림이 많을 뿐만 아니라 설명도 자세해서 혼자 공부하기에 좋다.

  다음 밑줄 친 부분과 바꾸어 쓸 수 있는 것을 고르십시오.

8.

> 눈이 내린 데다 기온까지 낮아 도로는 온통 빙판길이었다.

① 기온치고 　　　　　　　　② 기온마저

③ 기온이나마 　　　　　　　　④ 기온은커녕

9.

> 사업 실패로 힘들어 할 때 나를 이해하고 응원해 준 사람은 가족밖에 없었다.

① 가족뿐이었다 　　　　　　　② 가족인 듯했다

③ 가족인 셈이었다 　　　　　　④ 가족일 리 없었다

10.

> 학생들이 오늘 배운 표현을 사용할 수 있었으면 해서 이 표현을 이용해 다양한 연습을 하였다.

① 사용할 수 있거든 　　　　　② 사용할 수 있기에

③ 사용할 수 있도록 　　　　　④ 사용할 수 있을지라도

2회 – 형성평가

1. 그 학교는 입학 (   )이 너무 까다로워서 들어가기가 힘들다.

　　① 조건　　　　　　② 요청　　　　　　③ 정신　　　　　　④ 예정

2. (   ) 꿈에 그리던 내 집을 10년 만에 마련했다.

　　① 금방　　　　　　② 마치　　　　　　③ 드디어　　　　　④ 뜻밖에

3. 그는 젊은 시절 여러 나라를 돌아다니며 풍부한 (   )을 쌓았다.

　　① 자격　　　　　　② 경험　　　　　　③ 질병　　　　　　④ 보람

4. 요즘 아내가 늦게까지 야근하기 때문에 퇴근 후 세 아이들을 혼자 (   ).

　　① 이끈다　　　　　② 낳는다　　　　　③ 보낸다　　　　　④ 돌본다

5. 이번 달에는 용돈이 (   ) 은행에 저축해 두었다.

　　① 남아서　　　　　② 내려서　　　　　③ 줄어서　　　　　④ 부족해서

6. <u>먼저</u> 간단한 준비 운동을 마치고 물에 들어가야 한다.

　　① 잠시　　　　　　② 우선　　　　　　③ 끝내　　　　　　④ 따로

7. 이것만 끝내면 이제 일은 <u>거의</u> 마무리된다.

　　① 대부분　　　　　② 도저히　　　　　③ 무조건　　　　　④ 어차피

8. 별로 해 준 것도 없는데 고맙게도 아이들은 건강하게 <u>성장했다</u>.

　　① 자랐다　　　　　② 나왔다　　　　　③ 가꾸었다　　　　　④ 쓰러졌다

9. 아이는 부모님께 혼이 날까 봐 성적표를 가방 안에 <u>숨겼다</u>.

　　① 챙겼다　　　　　② 뽑았다　　　　　③ 드러냈다　　　　　④ 감추었다

10.

> 누가 잘했고 잘못했는지 (　　　) 봅시다.
> 그 아이는 음식을 (　　　) 먹는다.
> 경찰은 진짜 범인을 (　　　) 위해 사건을 철저하게 조사했다.

① 가리다　　　　② 만들다　　　　③ 가지다　　　　④ 구하다

11.

> 시간에 (　　　) 전화를 했지만 그는 자리에 없었다.
> 그는 아내의 기분을 (　　　) 주말마다 마트에 장을 보러 갔다.
> 시험이 끝나면 아이들은 서로 정답을 (　　　) 정신이 없다.

① 채우다　　　　② 맞추다　　　　③ 따르다　　　　④ 정하다

12. 방금 전까지 내 눈 앞에 있던 그가 갑자기 흔적도 없이 <u>사라졌다</u>.

① 없어졌다　　　　② 나타났다　　　　③ 제거했다　　　　④ 다가왔다

13. 우울증 때문에 상담을 받는 초등학생들이 3년 새 2.5배로 <u>증가했다고</u> 한다.

① 성장했다고　　　　② 상승했다고　　　　③ 하락했다고　　　　④ 감소했다고

14.

> 가 : 선생님께서는 평생 가난한 사람들을 위해 사셨다면서요?
> 나 : 아니에요. 저는 단지 가진 것을 조금 (　　　　　　).

① 나누던데요　　　　　　　　② 나눈 것뿐이에요
③ 나누었을 텐데요　　　　　　④ 나눌지 몰랐어요

15.

> 가 : 이번 출장은 어땠어요?
> 나 : 날씨도 춥고 (　　　　　　) 입에 안 맞아서 고생만 했어요.

① 음식마저　　　　　　　　② 음식치고
③ 음식밖에　　　　　　　　④ 음식처럼

16.
> 가 : 요즘 휴가철이라서 비행기 표 구하기가 힘들 텐데 구하셨어요?
> 나 : 그럴 것 같아서 한 달 전에 미리 (   ).

① 예매했군요   ② 예매하더라고요

③ 예매해 두었어요   ④ 예매하기를 바라요

17.
> 가 : 저랑 같이 자연 체험 캠프에 가지 않으실래요?
> 나 : 좋아요. 신선한 음식도 (   ) 참가 기념으로 나무도 받을 수 있다고 하니까
>   꼭 가고 싶어요.

① 먹을 수 있으므로   ② 먹을 수 있는 길에

③ 먹을 수 있으나마나   ④ 먹을 수 있는 데다가

18.
> 가 : 그분은 베스트셀러 작가임에도 불구하고 참 겸손하신 것 같아요.
> 나 : 맞아요. 그런 (   ) 존경받을 만한 사람이지요.

① 사람이야말로   ② 사람이어서야

③ 사람이라지만   ④ 사람이라고 해서

19~23 다음 중 밑줄 친 부분이 <u>틀린</u> 것을 고르십시오.

19. ① 대리님, 저는 사장님 좀 <u>뵙고</u> 갈게요.

② 손님, 잠깐만 앉아 <u>있으시겠습니까?</u>

③ 김 회장님은 원래 물려받은 재산이 <u>많으셨다.</u>

④ 한 달 전부터 할머니께서 <u>편찮으셔서</u> 걱정이 많습니다.

20. ① 그녀는 <u>마치</u> 가수처럼 노래를 잘해요.

② 그 일은 <u>이미</u> 했으니까 다른 일을 하세요.

③ 사람이 너무 많아서 영화를 <u>겨우</u> 보지 못했다.

④ 탕 종류는 <u>별로</u> 좋아하지 않아서 안 먹고 싶어요.

21. ① 수백 권의 책으로 방을 가득 <u>채웠다.</u>

② 갑자기 문이 <u>열고</u> 낯선 사람이 들어왔다.

③ 소비를 줄이면서 돈이 좀 <u>모이기</u> 시작했다.

④ 김 과장 책상 위에는 늘 애인 사진이 <u>놓여</u> 있다.

22. ① <u>친구들마저</u> 그를 믿어 주지 않았다.

② <u>라면이나마</u> 먹을 수 있어서 다행이다.

③ 나는 최선을 다했지만 시험에 <u>합격하고 말았다</u>.

④ 그는 <u>한국 사람치고는</u> 김치를 좋아하지 않는다.

23. ① 여행을 <u>가려고 하다가</u> 갑자기 일이 생겨 취소했다.

② 그의 전화번호를 <u>기억하지 못할까 봐</u> 공책에 메모해 두었다.

③ 이 회사에서 오랫동안 <u>일해 가던</u> 부장님이 이번에 퇴사하셨다.

④ 요즘 추위가 기승을 부리고 있으니까 감기에 <u>걸리지 않도록</u> 주의하세요.

24.
> 가 : 인터넷으로 가방을 샀는데 물건을 <u>받고</u> 바로 후회했어요.
> 나 : 그러니까 좀 더 신중하게 생각해서 사지 그랬어요.

① 받느니   ② 받으니까

③ 받자마자   ④ 받아 봤자

25.
> 가 : 저는 오랫동안 한국어를 배웠지만 아직도 발음이 서투른데요. 어떻게 하면 발음 연습
> 을 효과적으로 할 수 있을까요?
> 나 : 한국어 CD를 들어보세요. 그러면 발음도 연습할 수 <u>있는 데다가</u> 듣기 실력도 향상
> 시킬 수 있어요.

① 있기는커녕   ② 있으려고 하다가

③ 있을지는 몰라도   ④ 있을 뿐만 아니라

26.
> 가 : 곧 있으면 생일 파티를 시작할 텐데 어디쯤 왔니?
> 나 : 지금 <u>거의 다 왔으니까</u> 조금만 기다려.

① 다 와 가니까   ② 이미 도착했으니까

③ 아직 가려면 멀었으니까   ④ 언제 도착할지 모르니까

 다음 글을 읽고 물음에 답하십시오.

> 가 : 프엉 씨가 한국으로 시집온 지도 벌써 3년이 됐군요.
> 나 : 그래요. 처음에는 모든 것이 낯설고 힘들었는데 이제는 한국 요리도 (㉠) 잘해요.
>   모두 정미 씨 덕분이에요.
> 가 : 뭘요. 앞으로도 (㉡) 어려운 일이 있으시면 언제든지 말씀하세요.

27. ㉠에 알맞은 것을 고르십시오.

① 끝내   ② 마침   ③ 제법   ④ 어쩌면

28. ㉡에 알맞은 것을 고르십시오.

① 살아가면서   ② 살다 보니까

③ 사는 대신에   ④ 사는 게 아니라

 다음 글을 읽고 물음에 답하십시오.

> 　결혼하자마자 독일로 떠난 친구에게서 잠시 귀국한다는 연락을 받았다. 그 친구는 이번
> 에 못 보면 또 언제 볼 수 있을지 모르겠다면서 꼭 만나고 싶다고 했다. 나는 (㉠) 자주
> 연락하지 못했던 친구들에게 연락을 해서 함께 만나기로 했다. 고등학교 졸업 후에 어디서
> (㉡) 몰랐던 친구들과도 연락이 닿아서 10여명이 모이게 됐다.
> 　고등학교 졸업한 지 25년이 지났으니 못 알아볼 정도로 변한 친구도 있을 것이다. 책임감
> 이 강했던 영자, (㉢) 예쁘기도 했던 귀자, 늘 맛있는 도시락을 싸와 친구들과 나눠 먹
> 기를 좋아했던 미영이 등 내 기억 속에서는 귀 밑 7㎝ 단발머리 소녀인데 40대 중년이 되어
> 만난다고 생각하니 무척 설렌다.

29. ㉠에 알맞은 것을 고르십시오.

① 누워서 떡 먹기라고   ② 팔이 안으로 굽는다고

③ 떡 본 김에 제사 지낸다고   ④ 개구리 올챙이 적 생각 못 한다고

30. ㉡과 ㉢에 알맞은 것을 고르십시오.

① 사는지조차 - 똑똑하도록   ② 사는 데다가 - 똑똑하도록

③ 사는지조차 - 똑똑한 데다가   ④ 사는 데다가 - 똑똑한 데다가

어휘 ▶▶ 형용사 2

문법 ▶▶ 판단 · 인식 · 선택 · 순리

01 –(으)ㄴ/는 셈이다

02 –(으)ㄴ/는 편이다

03 –(으)ㄹ 리가 없다

04 –(으)ㄹ 만하다

05 –아/어 보이다

06 –고 나서/나면/나니(까)

07 –고 보면/보니(까)

08 –든지

09 –는 대신(에)

10 –(으)ㄹ까 말까

11 –기/게 마련이다

12 –(으)ㄴ/는 법이다

어휘-형용사 2

❖ 어휘알기

아쉽다	오랜만에 선생님을 만났는데 금방 헤어져서 **아쉬웠다**.
이롭다	적당한 운동은 신체 건강은 물론이고 정신 건강에도 **이롭다**.
지나치다	**지나친** 운동은 몸에 좋지 않다.
가늘다	손가락이 **가늘어서** 여자 손 같다는 이야기를 자주 듣는다.
충분하다	청소하는 데 한 시간이면 **충분하다**.
훌륭하다	세종대왕은 한글을 발명한 **훌륭한** 분이다.
흐리다	오후에는 날씨가 **흐리겠습니다**.
흔하다	해외로 신혼여행을 가는 것은 **흔한** 일이 되었다.
안타깝다	여자 친구를 자주 만날 수 없어서 **안타깝다**.
소용없다	시험이 끝난 후에 후회해도 **소용없다**.
틀림없다	저 사람은 한국 사람임이 **틀림없다**.
평범하다	그는 **평범하게** 생겼지만 성격이 좋아서 인기가 많다.
신기하다	박물관에는 처음 보는 **신기한** 물건이 많았다.
단순하다	디자인이 **단순한** 옷을 좋아한다.
연하다	화장을 **연하게** 하는 편이다.

연습1

※ 다음 (   )에 들어갈 단어를 〈보기〉에서 골라 문장을 완성하십시오.

> **보기**　　흐리다　　충분하다　　평범하다　　안타깝다　　틀림없다　　훌륭하다

1) 아이들을 키우는 모든 어머니들이 이 세상에서 가장 (　　　　　　) 생각한다.

2) 날씨가 (　　　　　) 그런지 오늘은 기분이 별로 안 좋았다.

3) 화려한 인생보다 (　　　　　) 인생이 더 좋다고 생각한다.

4) 그는 외국 사람이지만 한국어 교사가 될 자격이 (　　　　　　) 생각한다.

5) 어린 나이에 세상을 떠난 아이를 보며 (　　　　　) 마음이 들었다.

6) 제대로 말을 하지 못하는 걸 보니 범인이 (　　　　　　).

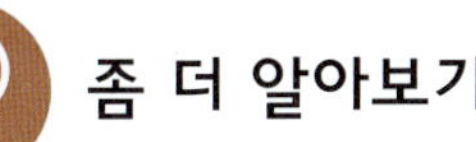

좀 더 알아보기

◆ 유의어

- 일이 끝나서 **아쉽다** - **섭섭하다**
- 장난이 **지나치다** - **심하다**
- 어머니는 **훌륭하다** - **위대하다**
- 노력해도 **소용없다** - **쓸모없다**
- 외국인이 **흔하다** - **많다**

◆ 반의어

- 아이에게 **이롭다** - **해롭다**
- 머리카락이 **가늘다** - **굵다**
- 용돈이 **부족하다** - **충분하다**
- 성격이 **평범하다** - **특이하다**
- 화장이 **연하다** - **진하다**

◆ 다의어 및 동음이의어

뜨다	바가지에 **물을 떠서** 마셨다.
	햇빛이 너무 강해서 **눈 뜨기가** 힘들었다.
	해가 뜨는 것을 보려고 일찍 일어났다.
	아들 걱정에 엄마는 하루 종일 **밥을 뜨지** 못했다.
	고향에는 일자리가 없어서 **고향을 뜨는** 사람들이 늘고 있다.

깨지다	갑자기 **그릇이 깨지는** 바람에 손을 다쳤다.
	친구와 **약속이 깨져서** 밥도 못 먹고 돌아왔다.
	2012년 런던 올림픽에서 육상 세계 **신기록이 깨졌다**.
	그 사람이 온 이후부터 조용한 **분위기가 깨지기** 시작했다.
	앞만 보고 달리다가 넘어져서 **무릎이 깨졌다**.

연습2

※ 다음 ( )에 들어갈 단어를 〈보기〉에서 골라 문장을 완성하십시오.

> **보기**　　깨지다　　섭섭하다　　심하다　　충분하다　　뜨다　　해롭다

1) 휴대폰을 하루에 2시간 이상 사용하면 건강에 (　　　　　) 한다.

2) 아무리 친한 친구라고 해도 (　　　　　) 농담을 하면 기분이 상하기 마련이다.

3) 나는 한국 사람이지만 아이들의 영어교육을 위해서 한국을 (　　　　　) 했다.

4) 갑자기 약속이 (　　　　　) 시간이 생겨서 밀린 집안일을 다 할 수 있었다.

1~3 다음 (   )에 알맞은 것을 고르십시오.

1. 아침에는 커피를 진하게 마시지만 저녁에는 (   ) 마십니다.

① 쉽게　　　　② 연하게　　　　③ 거칠게　　　　④ 무겁게

2. 스마트폰이 처음 나왔을 때 모든 사람들이 (   )했다.

① 훌륭해　　　　② 창피해　　　　③ 신기해　　　　④ 단순해

3. 여자 친구가 있을 때 잘해야지 떠난 후에 후회해도 (   ).

① 확실했다　　　　② 신중했다　　　　③ 틀림없다　　　　④ 소용없다

4~6 다음 밑줄 친 부분과 의미가 비슷한 것을 고르십시오.

4. 십 년 전에는 외제차 보기가 힘들었는데 지금은 <u>흔해졌다</u>.

① 귀해졌다　　　　② 많아졌다　　　　③ 약해졌다　　　　④ 화려해졌다

5. 고향을 떠나야 한다는 것이 <u>아쉬웠다</u>.

① 경솔했다　　　　② 어색했다　　　　③ 섭섭했다　　　　④ 소중했다

6. 선생님이 학생을 <u>지나치게</u> 혼내자 그 학생은 울면서 나가 버렸다.

① 심하게　　　　② 새롭게　　　　③ 안타깝게　　　　④ 솔직하게

7~9 다음 밑줄 친 부분과 의미가 반대인 것을 고르십시오.

7. 패스트푸드는 건강에 <u>해로운</u> 음식이니까 자주 먹지 않도록 하세요.

① 나쁜　　　　② 딱딱한　　　　③ 이로운　　　　④ 정확한

8. 손가락이 <u>가늘어서</u> 이 반지는 내게 너무 크다.

① 길어서　　　　② 굵어서　　　　③ 얇아서　　　　④ 좁아서

9. 매일 늦게까지 일하고 새벽에는 아르바이트를 해서 잠이 <u>부족하다</u>.

① 중요하다　　　　② 편리하다　　　　③ 만족하다　　　　④ 충분하다

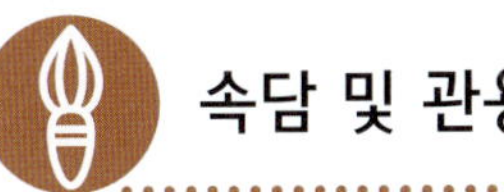
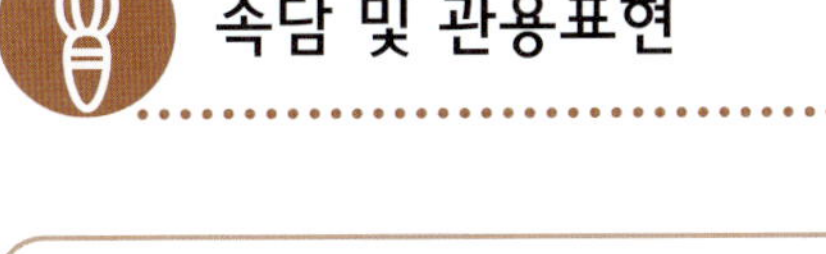

속담 및 관용표현

1)

가 : 영화 재미있었어요?
나 : **간 떨어질 뻔 했어요.**
가 : 그렇게 무서워요?
나 : 마지막 장면에서는 나도 모르게 "으악"하고
　　소리 질렀어요.

2)

가 : 민수씨가 복권에 당첨돼서 차하고 집을 샀대요.
　　게다가 예쁜 여자 친구도 생겼다던데요.
나 : 평소에 착한 일도 안 하던 사람인데 어떻게
　　그런 행운이 생겼을까요?
나 : 그러게요. **배 아파서 죽겠어요.**

3)

가 : 흥부네 자식이 몇 명이었어요?
나 : 모두 12명이에요.
가 : 요즘 세상에 흥부가 살았다면 어떻게 됐을까요?
나 : 자식들 먹여 살리느라 **허리가 휘었겠지요.**

4)

가 : 저 개그맨은 정말 웃기는 것 같아요.
나 : 맞아요. 텔레비전에 저 개그맨이 나오면
　　배꼽이 빠질 정도로 웃어요.

---

1) 간 떨어지다 : 몹시 놀라다.
2) 배 아프다 : 다른 사람의 일이 잘 되어서 심술이 나다.
3) 허리가 휘다 : 힘들고 어려운 일을 해서 힘들다.
4) 배꼽이 빠지다 : 배꼽이 빠지도록 재미있거나 우습다.

문법–판단 · 인식 · 선택 · 순리

❖ 문법알기

판단	-(으)ㄴ/는 셈이다	이제 조금만 더 하면 되니까 다 **끝난 셈이에요**.
	-(으)ㄴ/는 편이다	점심 한 끼에 10,000원이면 **비싼 편이에요**.
	-(으)ㄹ 리가 없다	아무리 날씨가 안 좋아도 선생님이 안 **오실 리가 없다**.
	-(으)ㄹ 만하다	제주도는 정말 아름다운 곳이라서 꼭 한 번 가 **볼 만해요**.
	-아/어 보이다	밝은 색 옷을 입으니까 더 **멋있어 보이네요**.
인식	-고 나서/나면/나니(까)	숙제와 예습을 **끝내고 나서** 친구들을 만나러 갔다.
	-고 보면/보니(까)	친구의 이야기를 **듣고 보니** 왜 그런 행동을 했는지 이해하게 됐다.
선택	-든지	저녁에는 운동을 **하든지** 영화를 보려고 한다.
	-는 대신(에)	비가 와서 산책을 **하는 대신에** 방에서 책을 읽었다.
	-(으)ㄹ까 말까	마음에 들기는 하지만 조금 비싸서 **살까 말까** 고민 중이다.
순리 ⌃ 당연	-기/게 마련이다	고향을 오래 떠나 있으면 고향이 **그립기 마련이다**.
	-(으)ㄴ/는 법이다	사랑에 빠지면 그 사람의 모든 것이 좋아 **보이는 법이다**.

◈ 판단

01 –(으)ㄴ/는 셈이다　★★★

어떤 상황이 뒤 문장과 비슷하여 그렇게 말하거나 생각해도 된다는 것을 나타낸다.

한 달에 3번 정도 등산을 하니까 **자주 하는 셈이에요**.
7시에 일어나니까 **일찍 일어나는 셈이다**.
처음인데도 그 정도 했으니까 **잘한 셈이에요**.
사과를 먹었으니까 **아침을 먹은 셈이지요**.
한 명만 빼고 다 왔으니까 **다 온 셈이에요**.

02 –(으)ㄴ/는 편이다

기준을 정하여 판단할 대상이 어디에 속하는지를 나타낼 때 사용한다.

우리 가족은 대부분 **키가 큰 편이다**.
이 정도면 **재미있는 편이지요**?
너는 **잘 생긴 편이니까** 자신감을 가져.
우리 선생님은 **농담을 잘하는 편입니다**.

03 –(으)ㄹ 리가 없다

앞 문장과 같은 일을 할 이유나 그런 일이 일어날 가능성이 없다는 것을 나타낸다.

선생님 같이 착하신 분이 **화를 낼 리가 없다**.
그 친구가 **그런 말을 했을 리가 없다**.
그녀가 아무 말도 하지 않고 **떠났을 리는 없으니** 좀 기다려 보세요.
시험에 떨어졌으니 **기분이 좋을 리 있겠어요**?

04 –(으)ㄹ 만하다　★★★

어떤 동작을 할 가치가 있거나 그 동작을 하는 게 괜찮다는 것을 나타내며 사람에 대해 말할 때는 그럴 자격이 있음을 나타낸다.

대전은 생각보다 **가 볼 만한** 곳이 많았다.
그 영화는 이야기가 감동적이고 재미있어서 **정말 볼 만했다**.

책이 조금 어렵고 지루하기는 한데 그래도 **읽을 만했다**.
이 운동화는 좀 오래되기는 했지만 **아직 신을 만해요**.

철수는 **우리 반의 대표가 될 만하다**.
지금까지의 업적을 생각해 봤을 때 김 박사님께서는 **이 상을 받으실 만합니다**.

05 –아/어 보이다

어떤 대상을 보고 그 대상에 대한 느낌을 나타낼 때 사용한다.

청소를 하니까 방이 **더 넓어 보이네요**.
맛있어 보이는데 왜 안 드세요?
그가 입으면 싼 옷도 **비싸 보인다**.
안경을 쓰니까 **똑똑해 보이는데요**.

◈ 인식

06 –고 나서/나면/나니(까)

"어떤 행동을 한 후에"라는 의미를 나타낸다.

아침을 먹고 나서 학교에 갑니다.
시험이 끝나고 나면 친구들과 회식을 할 겁니다.
운동을 하고 나면 목이 마르다.
헤어지고 나니 그 친구가 얼마나 좋은 사람인지 알게 됐다.

07 –고 보면/보니(까)

어떤 행동이 끝난 후에 뒤 문장과 같은 것을 알게 됐다는 의미를 나타낸다.

이 일이 할 때는 힘들겠지만 **끝나고 보면** 큰 보람을 느낄 수 있을 거예요.
아이를 낳고 보면 부모님의 마음을 이해할 수 있을 거예요.
어려워 보였는데 **하고 보니** 별거 아니네요.
이야기를 하고 보니 같은 고향 출신이더라고요.

◈ 선택

08 –든지 ★★★

나열한 것 중에서 어떤 하나를 선택한다는 것을 나타낸다. 의문사와 함께 사용하면 어떤 것을 선택해도 된다는 것을 나타낸다.

친구에게 하고 싶은 말이 있으면 **전화를 하든지** 문자를 보냅니다.
시간이 나면 **산책을 하든지** 친구와 이야기를 하든지 합니다.
심심하니까 **게임이든지 운동이든지** 합시다.

제 도움이 필요하면 **언제든지** 말씀하세요.
집에만 있지 말고 **어디든지** 갑시다.
그는 **무슨 일을 맡든지** 최선을 다한다.

09 −는 대신(에)

앞의 것을 선택하지 않고 뒤의 것을 선택한다는 것을 나타내거나 앞 문장과 같은 특징이 있지만
이와는 상반되는 또 다른 특징도 있다는 것을 나타낸다.

늦잠을 자는 대신에 일찍 일어나 운동을 하기로 했다.
그녀는 **대답을 하는 대신** 고개를 끄덕였다.
찾아가는 대신 전화를 하기로 했다.

이 옷은 **비싼 대신** 품질과 디자인이 정말 우수하다.
이 문법은 **배우기는 어려운 대신** 한 번 배워 두면 정말 유용하게 쓸 수 있다.

10 −(으)ㄹ까 말까

어떤 행동을 할지 안 할지 결정하지 못했음을 나타낸다.

병원에 갈까 말까 생각 중이다.
그녀에게 **고백을 할까 말까** 고민입니다.
그냥 잘까 공부를 할까 생각 중이에요.
친구의 부탁을 거절할까 말까 고민 중이에요.

◈ 순리 · 당연

11 −기/게 마련이다

어떤 상황이 자연스럽거나 당연함을 나타낸다.

외국어는 공부하면 할수록 **실력이 늘기 마련입니다.**
자주 만나면 **정이 들게 마련이에요.**
지나치게 긴장을 하면 **실수를 하기 마련이다.**
자기가 좋아하는 일을 하게 되면 **즐겁기 마련이다.**

12 −(으)ㄴ/는 법이다 ★★★

어떤 상황이 자연스럽거나 당연하다는 것을 나타낸다.

고향을 떠나 있으면 **고향이 그리운 법이다.**
가는 말이 고와야 **오는 말이 고운 법이다.**
친한 사이라도 오랫동안 만나지 못하면 **마음이 멀어지는 법이다.**
오랫동안 함께 지내면 **정이 드는 법이다.**

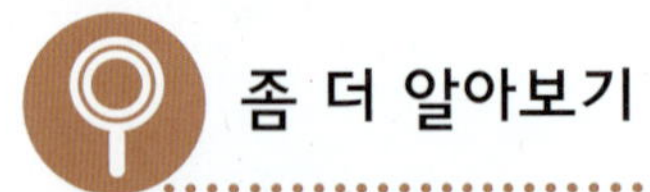

| "−을 만하다"의 다양한 의미 |

* "−을 만하다"는 교재에 제시된 대로 어떤 행동을 할 가치가 있다는 것을 나타내거나 어떤 행동을 하는 것이 괜찮다는 것을 나타낸다.

> 한국 역사에 관심이 있는 사람이라면 경주는 꼭 한번 **가 볼 만한** 곳입니다.
>
> 이 음식을 처음 먹어 봤는데 재료도 신선하고 맛도 이렇게 좋으니 **정말 먹을 만한데요**.
>
> 아직 **입을 만한** 옷인데 왜 버리려고 하세요?
>
> 특별히 맛있는 것은 아니지만 그래도 **먹을 만하기는** 하네요.

* "−을 만하다"는 사람이나 어떤 대상이 자격을 갖추고 있다는 것을 의미하기도 한다.

> **차기 회장이 될 만한** 분은 김 사장님뿐이라고 생각합니다.
>
> 흥미진진한 데다가 감동적이기까지 하니 이 영화야말로 **올해 최고의 영화로 뽑힐 만하지요**.

* 어떤 행동을 하는 것이 가능하다는 것을 의미하기도 한다.

> 올해는 **결혼할 만한** 상황이 아니라서 내년쯤 할까 합니다.
>
> 죄송하지만 이번 일은 **제가 도와드릴 만한** 게 아닌 것 같습니다.

* 어떤 행동을 하거나 상태가 된 것이 타당하다는 것을 의미하기도 한다. 이 경우에는 "−을 법하다"로 바꿔 쓸 수 있다.

> 남자 친구가 다른 여자를 만났으니 수미 씨가 **화를 낼 만했네요**.
>
> 며칠 동안 잠도 못 자고 일만 했으니 **쓰러질 만하지요**.

연습 ↵

 제시된 문법을 이용해서 밑줄 친 부분을 바꾸십시오.

-(으)ㄴ/는 셈이다

1. 그 사람은 매일 아침 다섯 시에 일어나니까 <u>부지런한 것 같다</u>.

⇨

2. 이번 시험에서 90점을 받았으니까 <u>잘 본 것 같다</u>.

⇨

-(으)ㄹ 만하다

3. 이 책은 어렵지만 한국어로 설명이 되어 있어서 <u>읽을 수 있다</u>.

⇨

4. 냉장고를 산 지 10년이 됐지만 아직 <u>사용할 수 있다</u>.

⇨

 다음 그림을 보고 제시된 문법을 이용해서 문장을 만드십시오.

5. -든지

⇨

6. -(으)ㄴ/는 법이다

⇨

<table>
<tr><td>**7~10**</td><td>다음 〈보기〉의 문법을 이용해서 문장을 완성하십시오.</td></tr>
</table>

> **보기**   -(으)ㄴ/는 셈이다   -(으)ㄹ 만하다   -든지   -(으)ㄴ/는 법이다

7. 아직은 ________________ 다음 주부터 더 추워진다고 해서 걱정이에요. (참다)

8. 인생을 살다 보면 어려운 일도 ________________ . (생기다)

9. 대학을 졸업하면 취직을 ________________ 대학원에 가려고 해요. (하다)

10. 중고차를 싸게 샀는데 수리비가 너무 많이 들어서 결국 비싸게 ________________ . (사다)

<table>
<tr><td>**11~14**</td><td>다음 〈보기〉의 문법을 이용해서 대화를 완성하십시오.</td></tr>
</table>

> **보기**   -(으)ㄴ/는 셈이다   -(으)ㄹ 만하다   -든지   -(으)ㄴ/는 법이다

11. 가 : 민수 씨, 한국 영화 중에서 뭐가 재미있어요?

　　 나 : ____ .

12. 가 : 경아 씨, 이번 휴가 때 뭘 하고 싶으세요?

　　 나 : ____ .

13. 가 : 왕녕 씨가 이번에 한국어능력시험에서 6급을 받았다고 하네요.

　　 나 : 열심히 노력하면 ________________________________ .

14. 가 : 어제 남자 친구랑 데이트 했나요?

　　 나 : 같이 공부했으니까 ________________________________ .

15~20 다음 문장을 연결하십시오.

15. 친구의 이야기를 ☐　　☐ 훨씬 예뻐 보이네요.

16. 방학 때 아르바이트를 ☐　　☐ 자주하는 편이네요.

17. 두 사람이 ☐　　☐ 듣고 보니 모든 게 이해됐다.

18. 화장을 하니까 ☐　　☐ 외국인도 먹을 만해요.

19. 일 주일에 세 번 운동하니까 ☐　　☐ 할지 여행을 할지 고민이다.

20. 그 음식은 별로 맵지 않아서 ☐　　☐ 헤어질 리가 없어요.

1~3 다음 (   )에 알맞은 것을 고르십시오.

1.

> 가 : 이삿짐 정리는 다 했어요?
> 나 : 네. 책장에 책만 꽂으면 되니까 (   ).

① 끝나려나 봐요   ② 끝난 셈이에요

③ 끝났을 뿐이에요   ④ 끝나기는 했거든요

2.

> 가 : 점심을 안 먹었더니 배가 고프네요.
> 나 : 조금만 더 가면 (   ) 식당이 있으니까 거기서 먹도록 합시다.

① 먹을 뿐인   ② 먹을 듯한

③ 먹을 만한   ④ 먹을 뻔한

3.

> 가 : 내일 떠나면 앞으로 1년 동안은 얼굴을 못 보겠네요. 정말 아쉬워요.
> 나 : 제가 어디에 (   ) 자주 연락드릴 테니까 너무 서운해 하지 마세요.

① 가려면   ② 가도록

③ 가던데   ④ 가든지

4 다음 밑줄 친 부분이 틀린 것을 고르십시오.

4. ① 이 정도면 거의 다 한 셈이에요.

② 이 자동차는 제가 10년 동안 타 갔어요.

③ 음식을 적게 먹는 습관이 몸에 이로운 법이에요.

④ 그 분은 틀림없이 훌륭하다는 칭찬을 들을 만한 사람일 거예요.

5~9 다음 밑줄 친 부분과 바꾸어 쓸 수 있는 것을 고르십시오.

5.

> 가 : 그 사람처럼 승부욕이 강한 사람은 흔하지 않을 거예요.
> 나 : 그러게요. 저같이 평범한 축에 드는 사람에게는 그저 신기할 따름입니다.

① 평범한 편인   ② 평범할 줄 아는

③ 평범하기 마련인   ④ 평범하기는 틀린

6.

> 가 : 아직도 숙제가 많이 남았어요?
>
> 나 : 아니요. 이제 이것만 쓰면 되니까 다 <u>한거나 마찬가지예요</u>.

① 한 셈이에요　　　　　　　　② 할 모양이에요

③ 하려던 참이에요　　　　　　④ 하려면 아직 멀었어요

7.

> 피곤하면 집중력이 <u>떨어지기 마련이다</u>.

① 떨어지는 법이다　　　　　　② 떨어지기 때문이다

③ 떨어지는 척한다　　　　　　④ 떨어지는 모양이다

8.

> 이력서는 메일로 <u>보내시거나</u> 우편으로 부치시면 됩니다.

① 보내시든지　　　　　　　　② 보내시던지

③ 보내는 통에　　　　　　　　④ 보내실 텐데

9.

> 가 : 친구 말이 농담인 것을 알지만 자꾸 들으니까 화가 나더라고요.
>
> 나 : 당연하지요. 그런 말을 계속 들으면 화가 <u>나는 법이에요</u>.

① 나고자 해요　　　　　　　　② 난 셈이에요

③ 나기 마련이에요　　　　　　④ 나게 할 뿐이에요

10	다음을 읽고 (　　　)에 알맞은 것을 고르십시오.

10.

> 가 : 요즘은 그림을 보는 것뿐만 아니라 소리로도 들을 수 있다고 하네요.
>
> 나 : 그러면 사람들이 그림을 (　　　　) 청각을 이용해서 상상력을 펼칠 수도 있겠네요?

① 보니까　　　　　　　　　　② 봐 봤자

③ 보는 탓에　　　　　　　　　④ 볼 뿐만 아니라

1~5 다음 (   )에 알맞은 것을 고르십시오.

1.

가구 위치를 조금만 바꿨을 뿐인데도 집이 훨씬 (   ).

① 넓은 법이다   ② 넓어 보인다

③ 넓은가 보다   ④ 넓어야 한다

2.

이 제품이 좀 (   ) 품질은 다른 제품과 비교할 수 없을 정도로 좋습니다.

① 비싼 탓에   ② 비싼 셈이니

③ 비싼 데다가   ④ 비싼 대신에

3.

가 : 이 약을 복용할 때 주의할 점은 없나요?

나 : 약을 (   ) 1시간 동안은 물을 드시면 안 됩니다.

① 드시고 나니   ② 드시고 보니

③ 드시고 나서   ④ 드시고 보면

4.

낯이 익다고 생각했는데 (   ) 초등학교 동창이었다.

① 알고 나서   ② 알고 나면

③ 알고 보면   ④ 알고 보니

5.

가 : 이 시간에 길이 막히다니 정말 이상한데요.

나 : 그러게요. 여기는 사고가 나지 않는 한 (   ) 말이에요.

① 막힐 텐데   ② 막히곤 했는데

③ 막힐 리가 없는데   ④ 막히지 않았으면 하는데

6~7   다음 밑줄 친 부분이 틀린 것을 고르십시오.

6. ① 이제 세 장만 더 읽으면 되니까 다 <u>읽은 편이에요</u>.

② 안 입는 옷 중에서 <u>입을 만한</u> 옷을 골라 동생에게 주었다.

③ 남편은 <u>무슨 음식이든지</u> 맛있게 먹어 어른들이 좋아하신다.

④ 친구가 기분이 <u>안 좋아 보여서</u> 무슨 일이 있는지 물어보았다.

7. ① 시간이 부족해 밥을 <u>먹는 대신</u> 차만 마시기로 했다.

② 그는 독서광이라서 심심하거나 시간이 날 때면 책을 <u>읽는 법이다</u>.

③ 첫인상은 안 좋았지만 이야기를 <u>하다 보니</u> 좋은 사람인 것 같았다.

④ 친구가 약속을 <u>잊어버릴 리는 없지만</u> 혹시 몰라서 다시 한 번 말해 주었다.

8~10   다음 밑줄 친 부분과 바꾸어 쓸 수 있는 것을 고르십시오.

8.
> 그 사람이 말은 좀 <u>거칠게 하기는</u> 하지만 마음만은 따뜻한 사람이다.

① 거칠게 하고 나니　　　　　　② 거칠게 한다고 하면

③ 거칠게 한다고 해도　　　　　④ 거칠게 하는 편이라서

9.
> 슬퍼한다고 해서 결과가 <u>달라지지는 않으니</u> 지난 일을 빨리 잊고 힘 내세요.

① 달라질 줄 모르니　　　　　　② 달라질지도 모르니

③ 달라질 리는 없으니　　　　　④ 달라질 수밖에 없으니

10.
> 차가 필요하기는 한데 가진 돈이 부족해서 <u>살지 말지</u> 고민 중이다.

① 살까 말까　　　　　　　　　② 살락 말락

③ 살 듯 말 듯　　　　　　　　④ 사든지 말든지

CHAPTER 08

어휘 ▶▶ 부사 2

문법 ▶▶ 추측 · 기준 · 근거

01 -(으)ㄹ 테니(까)

02 -(으)ㄹ 텐데

03 -(으)ㄹ까 봐(서)

04 -나/(으)ㄴ가 보다

05 -(으)ㄴ/는/(으)ㄹ 모양이다

06 -(으)ㄹ걸(요)

07 -기에는

08 -에 달려 있다

09 -에 따라서

10 -에 의해서

11 -(으)ㄴ/는 걸 보니(까)

어휘-부사 2

❖ 어휘알기

자꾸	그 학생이 **자꾸** 지각을 한다.
먼저	형보다 동생이 **먼저** 결혼했다.
혹시	**혹시** 시험에 떨어질까 봐 걱정이다.
방금	그는 **방금** 일어났다.
잔뜩	할 일이 **잔뜩** 밀려 있다.
당연히	운동을 열심히 하면 **당연히** 건강이 좋아질 겁니다.
자세히	선생님께서 **자세히** 설명해 주셨다.
아까	**아까** 시내에서 친구를 만났다.
끝내	그 사람은 **끝내** 돌아오지 않았다.
오히려	자기가 잘못하고서 **오히려** 화를 더 낸다.
좀처럼	우리 선생님께서는 **좀처럼** 화를 내지 않으신다.
점차	경제가 **점차** 좋아지고 있다.
분명히	나는 여행을 안 간다고 **분명히** 이야기했다.
제법	그 사람은 영어를 **제법** 한다.
전부	어제 받은 월급을 **전부** 써 버렸다.

연습1

※ 다음 (   )에 들어갈 단어를 〈보기〉에서 골라 문장을 완성하십시오.

> **보기**   혹시   자세히   오히려   분명히   제법   자꾸

1) 한국에 3년 동안 살아서 이제는 한국어를 (   ) 한다.

2) 도서관에서 공부하는 것보다 카페에서 공부하는 것이 (   ) 집중이 잘된다.

3) 그 사람은 나에게 길을 (   ) 가르쳐 주었다.

4) (   ) 대전은행이 어디에 있는지 아세요?

5) 신발이 커서 (   ) 벗겨진다.

6) (   ) 가방에 숙제를 넣었는데 아무리 찾아도 안 보인다.

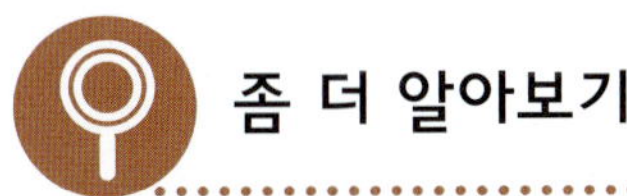

좀 더 알아보기

◇ 유의어

- **자꾸** 생각난다 - **끊임없이**
- **잔뜩** 화가 났다 - **많이**
- **자세히** 이야기했다 - **상세히**
- **아까** 밥을 먹었다 - **조금 전에**
- **끝내** 헤어지고 말았다 - **마침내**
- **오히려** 화를 냈다 - **도리어**
- **점차** 날씨가 따뜻해졌다 - **점점**
- 친구 목소리가 **분명히** 들렸다 - **확실히**
- 노래를 **제법** 부른다 - **꽤**
- **전부** 외국인이다 - **모두**

◇ 다의어 및 동음이의어

짓다	그는 십 년 전부터 **집 짓는** 일을 하기 시작했다.
	요즘은 한글로 **이름을 짓는 게** 유행이라고 한다.
	병원에서 처방전을 받아 약국에 가서 **약을 지었다.**
	농사를 짓는 사람이 점점 감소하고 있다고 한다.
	미소 짓는 그녀의 얼굴은 천사처럼 아름답다.

뽑다	어제 치과에 가서 **이를** 2개나 **뽑았다.**
	건강검진을 하기 위해서는 반드시 **피를 뽑아야** 한다.
	경제 불황으로 인해서 올해는 **신입 사원을 뽑지** 않기로 했다.
	제주도에서 찍은 **사진을 뽑아서** 친구들에게 나누어 주었다.
	할아버지 생신을 맞아 동생이 **노래 한 곡 뽑았다.**

연습2

※ 다음 (　　)에 들어갈 단어를 〈보기〉에서 골라 문장을 완성하십시오.

> **보기**　　짓다　　꽤　　상세히　　마침내　　도리어　　뽑다

1) 2년 전에 유학을 떠난 남자 친구가 (　　　　　) 내일 귀국한다.

2) 그녀는 행동이 느려서 외출 준비를 하는데 시간이 (　　　　　) 걸린다.

3) 그는 평생 모은 돈으로 불우한 이웃을 돕기 위해서 집을 (　　　　　) 주기로 했다.

4) 병원에서 여러 가지 검사를 하려면 피를 (　　　　　).

 다음 (　　)에 알맞은 것을 고르십시오.

1. 오랜만에 친구들을 만나서 고향 음식을 (　　　) 먹었다.

① 잔뜩　　　　② 괜히　　　　③ 반드시　　　　④ 좀처럼

2. 이 컴퓨터를 사용하는 방법은 설명서에 (　　　) 나와 있다.

① 혹시　　　　② 아까　　　　③ 자세히　　　　④ 도저히

3. 그는 그 일에 대해서 (　　　) 입을 열지 않았다.

① 마침　　　　② 끝내　　　　③ 점차　　　　④ 대충

 다음 밑줄 친 부분과 의미가 비슷한 것을 고르십시오.

4. 그의 차가 주차장에 있으니까 <u>분명히</u> 집에 있을 거예요.

① 잠시　　　　② 미리　　　　③ 무조건　　　　④ 확실히

5. 그는 대사를 <u>전부</u> 외울 정도로 이 영화를 많이 봤다고 한다.

① 모두　　　　② 함께　　　　③ 설마　　　　④ 훨씬

6. 유학생들의 졸업 조건이 <u>점차</u> 까다로워지고 있다.

① 별로　　　　② 점점　　　　③ 잠시　　　　④ 금방

 다음 밑줄 친 부분과 의미가 반대인 것을 고르십시오.

7. 시험 문제를 풀기 전에 <u>먼저</u> 이름과 학번을 쓰십시오.

① 계속　　　　② 항상　　　　③ 나중에　　　　④ 마침내

 다음 밑줄 친 부분이 <u>틀린</u> 것을 고르십시오.

8. ① 나는 <u>아까</u> 식당에 가려고 한다.

② 이렇게 좋은 기회는 <u>좀처럼</u> 오지 않는다.

③ 죄를 지은 사람은 <u>당연히</u> 벌을 받아야 한다.

④ <u>분명히</u> 밖에서 누군가 이야기하는 것을 들었다.

속담 및 관용표현

1)

가 : 요즘 왜 이렇게 손님이 없지요?

나 : 건너편에 새로 생긴 식당은 값도 싸고 개업
　　기념품도 준대요.

가 : 그래요? **굴러온 돌이 박힌 돌 뺀다더니**
　　우리도 무슨 방법을 찾아야 할 것 같네요.

2)

가 : 이번에 개발한 제품을 출시할 수 없다면서요?

나 : 네. B사에서 우리 제품보다 훨씬 좋은 것을
　　지난주에 먼저 출시해 버렸어요.

가 : 우리가 제일 앞서 간다고 생각했는데 **뛰는 놈
　　위에 나는 놈이 있다는** 말이 실감나네요.

3)

가 : 내일 한국어 쓰기 시험 본대요.

나 : 모레는 말하기 시험 아닌가요?

가 : 맞아요. 그리고 금요일에는 전공 시험이에요.

나 : **갈수록 태산이네요.**

4)

가 : 영철이 때문에 정말 속상해요.

나 : 무슨 일 있어요?

가 : 늦게까지 컴퓨터 게임하지 말라고 수백 번
　　얘기했는데 소용없어요.

나 : 정말 **쇠귀에 경 읽기네요.**

---

1) 굴러온 돌이 박힌 돌 뺀다 : 새로운 사람이나 물건이 원래 있던 것을 쫓아낸다.

2) 뛰는 놈 위에 나는 놈 있다 : 아무리 잘 해도 그 사람보다 잘 하는 사람이 있다.

3) 갈수록 태산이다 : 일을 할수록 힘들고 어려워지는 상황이 온다.

4) 쇠귀에 경 읽기 : 아무리 가르쳐 주어도 이해하지 못하거나 효과가 없다.

문법-추측·기준·근거

❖ 문법알기

추측	-(으)ㄹ 테니(까)	내일 아침에는 시간이 **없을 테니까** 미리 준비합시다.
	-(으)ㄹ 텐데	**힘드셨을 텐데** 이렇게 도와주셔서 진심으로 감사드립니다.
	-(으)ㄹ까 봐(서)	친구가 **심심할까 봐** 전화해서 같이 산책하자고 했다.
	-나/(으)ㄴ가 보다	방에 불이 꺼진 걸 보니 동생은 벌써 잠을 **자나 봅니다**.
	-(으)ㄴ/는/(으)ㄹ 모양이다	급하게 나가는 걸 보니까 약속이 **있는 모양이다**.
	-(으)ㄹ걸(요)	가 : 영화가 언제 끝날까요? 나 : 잘 모르지만 곧 **끝날걸요**.
기준·근거	-기에는	오늘까지 다 **읽기에는** 책이 어렵고 두껍다.
	-에 달려 있다	이 일의 성공과 실패는 그 사람의 **결정에 달려 있다**.
	-에 따라서	**계절에 따라서** 사람들의 옷차림이 달라집니다.
	-에 의해서	**규칙에 의해서** 기숙사 안에서는 요리를 할 수 없습니다.
	-(으)ㄴ/는 걸 보니(까)	날씨가 **흐린 걸 보니까** 곧 비가 올 모양이다.

◈ 추측

01 -(으)ㄹ 테니(까)

앞 문장과 같은 상황일 것이라고 추측함을 나타낸다. 뒤 문장에는 청유나 명령 말하는 사람의 의지나 의도가 나온다.

사전이 없을 테니까 생일 선물로 전자사전을 사 주는 게 어때요?
친구가 이 사실을 알면 **기분이 나쁠 테니까** 말하지 맙시다.
그건 **선생님이 잘 아실 테니까** 선생님께 여쭤 보세요.

음식은 **내가 준비할 테니까** 너는 음료수를 준비해.
→ 주어가 "나"일 때는 주어의 의지나 계획을 나타낸다.

02 –(으)ㄹ 텐데 ★★★

어떤 상황을 거의 사실일 것이라고 생각하면서 추측할 때 사용한다.

바쁘실 텐데 와 주셔서 감사합니다.
선생님께서 **잘 아실 텐데** 선생님께 여쭤 보면 어때요?
새로운 환경에 **적응하기 힘들었을 텐데** 그런 말을 전혀 안 하네요.
퇴근 시간이라서 **길이 막혔을 텐데** 빨리 오셨네요.
벌써 **은행 문을 닫았을 텐데** 내일 가세요.

03 –(으)ㄹ까 봐(서) ★★★

추측한 것과 같은 상황이 일어나는 것을 걱정스러워해 뒤 문장과 같은 동작을 함을 나타낸다.

우유가 상할까 봐 냉장고에 넣어 두었어요.
약속 시간을 잊어버릴까 봐 친구들에게 다시 한 번 이야기했다.
친구가 화를 낼까 봐 사실대로 이야기할 수 없었다.
부모님께서 야단을 치실까 봐 걱정했는데 아무 말도 하지 않으셨다.
영화가 벌써 시작됐을까 봐 극장까지 뛰어 갔다.

04 –나/(으)ㄴ가 보다 ★★★

경험한 내용을 근거로 뒤의 어떤 상황을 추측할 때 사용한다.

계속 물을 마시네요. 아마 **음식이 매운가 봅니다.**
저 분은 여기 **선생님인가 봐요.** 출석부를 들고 있네요.
매일 농구를 하는 걸 보니까 **농구를 좋아하나 봐요.**
반지를 낀 걸 보니 **남자 친구가 있나 봐요.**
기침을 많이 하는 걸 보니까 **감기에 걸렸나 봅니다.**

05 –(으)ㄴ/는/(으)ㄹ 모양이다

경험한 것을 근거로 하여 뒤 문장과 같이 추측함을 나타낸다.

계속 웃는 걸 보니 **기분 좋은 일이 있는 모양이에요.**
선물을 받는 걸 보니 **오늘이 생일인 모양이에요.**
안색이 안 좋은 걸 보니 **어디가 아픈 모양이에요.**
화장을 하는 걸 보니 **외출할 모양이에요.**

06 −(으)ㄹ걸(요)

확실하지 않지만 어떤 상황이라고 추측함을 나타낸다.

가 : 친구는 어디 갔어요?

나 : 아마 **도서관에 있을걸요**.

가 : 은행이 4시에 문을 닫지요?

나 : **그럴걸요**.

가 : 선생님도 그 이야기를 들으셨을까?

나 : 아마 **들으셨을걸**.

◈ 기준 · 근거

07 −기에는 ★★★

어떤 동작을 하는 것에 대해 판단할 때 사용한다.

밤 12시에 **다른 집에 전화하기에는** 너무 늦은 것 같다.
이 책상은 **혼자 옮기기에는** 무거우니까 좀 도와주세요.
해외로 유학을 가기에는 아이가 어린 것 같아요.
모두가 먹기에는 준비한 음식이 부족했다.
행사를 야외에서 진행하기에는 무리여서 실내에서 하기로 했다.

08 −에 달려 있다

앞의 것을 결정하는 가장 중요한 요소라는 것을 의미한다.

이 일의 성공과 실패는 **그의 선택에 달려 있다**.
영화의 흥행 여부는 **재미와 감동에 달려 있다**.
내가 이 일을 하고 안 하는 것은 **너에게 달려 있다**.
음식 맛은 **어떤 재료를 사용하느냐에 달려 있다**.

09 −에 따라(서) ★★★

어떤 행동이나 변화의 기준을 나타낸다.

성격에 따라서 취미와 취향이 달라요.
여행 목적에 따라서 준비물이 달라지는 법이에요.
시험 결과와 출석률, 태도에 따라 성적을 주겠습니다.
얼마나 열심히 노력하느냐에 따라서 성공과 실패가 결정됩니다.

10 –에 의해(서)

뒤 문장과 같은 행동이나 상황의 기준, 수단, 방법임을 나타내며 뒤 문장에는 대부분 피동 문장이 나온다.

정해진 순서에 의해 다음에는 기념사진 촬영을 하겠습니다.
범죄를 저지르면 **법에 의해** 처벌을 받습니다.
경찰에 의해서 그 사실이 밝혀졌습니다.
과학과 기술의 발전에 의해 평균 수명이 연장되었다.

11 –(으)ㄴ/는 걸 보니(까)

추측이나 짐작의 근거를 나타낸다.

깜짝 놀라는 걸 보니까 전혀 예상하지 못했나 봐요.
약을 먹는 걸 보니까 어디가 아픈 모양이에요.
계속 하품을 하는 걸 보니 피곤한 것 같아요.
콧노래를 부르는 걸 보니 기분이 좋은가 봐요.

"–나/(으)ㄴ가 보다"와 "–(으)ㄴ/는/(으)ㄹ 것 같다"

* "–나/(으)ㄴ가 보다"는 말하는 사람이 경험한(보고, 듣고, 느낀) 것을 근거로 하여 어떤 내용을 추측할 때 사용하는 표현이다.

> 경험한 것 : 사람들이 음식을 먹으면서 물을 많이 마신다.
>
> 추측 내용 : 음식이 맵다.
>
> 음식을 먹으면서 물을 많이 마시는 걸 보니까 **음식이 매운가 봐요.**

> 경험한 것 : 친구가 기침을 한다.
>
> 추측 내용 : 감기에 걸렸다.
>
> 친구가 기침을 하는 걸 보니까 **감기에 걸렸나 봐요.**

> 경험한 것 : 구름이 많이 끼었다.
>
> 추측 내용 : 비가 올 것 같다.
>
> 구름이 많이 낀 걸 보니 **비가 오려나 봐요.**

* "–나/(으)ㄴ가 보다"는 말하는 사람이 경험한 객관적인 근거가 없을 때는 사용할 수 없다. 그러나 "–(으)ㄴ/는/(으)ㄹ 것 같다"는 이러한 근거가 있거나 없거나 모두 사용할 수 있다.

> 방에 불이 켜진 걸 보니 아직 **안 자나 봐요.**
>
> 방에 불이 켜진 걸 보니 아직 **안 자는 것 같아요.**

> *저 사람이 왠지 **춤을 잘 추나 봐요.**
>
> 저 사람이 왠지 **춤을 잘 출 것 같은데요.**

> *오늘쯤에는 친구에게서 **전화가 오려나 봐요.**
>
> 오늘쯤에는 친구에게서 **전화가 올 것 같아요.**

＊＊ "–(으)ㄴ/는/(으)ㄹ 것 같다"는 어떤 것을 경험한 후에 그것에 대해 조심스럽게 말할 때 사용할 수 있지만 "–나/(으)ㄴ가 보다"는 이 경우에는 사용할 수 없다.

(어떤 공연을 본 후에)

*제 생각에는 이 공연이 지금까지 본 공연 중 **최고인가 봐요**.

제 생각에는 이 공연이 지금까지 본 공연 중 **최고인 것 같아요**.

(식당에서 밥을 먹은 후에)

*저번에 먹은 음식이 **더 맛있나 봐요**.

저번에 먹은 음식이 **더 맛있는 것 같아요**.

1~3 제시된 문법을 이용해서 문장을 완성하십시오.

─(으)ㄹ 텐데

1. 이 일은 김 대리가 제일 잘할 것이다 / 김 대리에게 맡기다

⇨

─(으)ㄹ까 봐(서)

2. 시험에 떨어지다 / 걱정했는데 합격해서 다행이다

⇨

─기에는

3. 이 일을 오늘 다하다 / 시간이 부족하니까 내일까지 하다

⇨

4~5 다음 그림을 보고 제시된 문법을 이용해서 문장을 만드십시오.

4.

-에 따라서

⇨

5.

-나 보다

⇨

6~10 다음 〈보기〉의 문법을 이용해서 문장을 완성하십시오.

> **보기**   -나/(으)/ㄴ가 보다   -기에는   -(으)ㄹ 텐데   -(으)ㄹ까 봐(서)   -에 따라서

6. 오늘 안에 다 _________________ 일이 너무 많아요. (끝내다)

7. 수미 씨가 자꾸 웃는 걸 보니까 기분 좋은 일이 _________________ . (있다)

8. 과장님이 약속을 _________________ 아까 확인 전화를 했어요. (잊어버리다)

9. 시험 _________________ 장학금이 달라집니다. (결과)

10. 오늘은 9시부터 수업을 _________________ 아직도 학교에 안 가면 어떡하니? (시작하다)

11~15 다음 문장을 연결하십시오.

11. 사람은 날씨에 따라서 □　　　□ 우산을 가져 왔어요.

12. 교실에 불이 다 꺼진 걸 보니 □　　　□ 어떡하지요?

13. 혹시 비가 올까 봐서 □　　　□ 기분이 달라져요.

14. 수업 시간에 많이 늦었을 텐데 □　　　□ 너무 많아요.

15. 이 단어를 모두 외우기에는 □　　　□ 학생들이 다 갔나 봐요

16~17 다음 〈보기〉의 문법을 이용해서 문장을 완성하십시오.

> **보기**   -나/(으)/ㄴ가 보다   -(으)ㄹ 텐데   -(으)ㄹ까 봐(서)

16. 가 : 오늘 안에 다 끝나기에는 _________________________________ ?

　　나 : 당연히 제가 도와 드려야지요.

17. 가 : 하루 종일 하품을 하는 걸 보니 _________________________________ .

　　나 : 네, 어젯밤에 악몽 때문에 잠을 좀 설쳤거든요.

1~2 다음 (   )에 알맞은 것을 고르십시오.

1.

> 가 : 김 대리는 먼저 퇴근했나요?
>
> 나 : 가방이 없는 걸 보니까 (   ).

① 퇴근하겠어요 　　　　　　　② 퇴근했나 봐요

③ 퇴근하면 돼요 　　　　　　　④ 퇴근할까 해요

2.

> 가 : 이번에 새로 생긴 백화점에서 사는 게 어때요?
>
> 나 : 그 백화점은 (   ) 지난번에 갔던 곳에서 사는 게 어때요?

① 비싸려고 　　　　　　　② 비싼 김에

③ 비쌀 텐데 　　　　　　　④ 비싼 데다가

3~4 다음 밑줄 친 부분이 틀린 것을 고르십시오.

3. ① 길이 많이 <u>막힐 테니까</u> 어떡하지요?

　　② 하늘이 점차 흐려지는 걸 보니 조금 후에 비가 <u>오려나 봐요</u>.

　　③ 정미 씨가 저희 집을 <u>못 찾을까 봐서</u> 나가서 기다리려고요.

　　④ 시험이 <u>어려울 텐데</u> 도대체 왜 열심히 공부하지 않는 거예요?

4. ① 부모님이 <u>오신다고 하기에</u> 공항으로 마중 나갔다.

　　② 그 아이는 너무 어려서 <u>유학을 가기에는</u> 충분해요.

　　③ 아무리 <u>노력해 봤자</u> 겨우 입에 풀칠할 정도밖에 안 돼요.

　　④ 다이어트가 <u>끝나자마자</u> 요요현상 때문에 오히려 살이 더 쪘어요.

5~10 다음 밑줄 친 부분과 바꾸어 쓸 수 있는 것을 고르십시오.

5.

> 식당에 사람들이 많은 것을 보니까 음식이 <u>맛있나 봐요</u>.

① 맛있거든요 　　　　　　　② 맛있는 법이에요

③ 맛있는 편이에요 　　　　　　　④ 맛있는 모양이에요

6.

> 오후부터 <u>추워질 테니까</u> 옷을 따뜻하게 입고 출근하세요.

① 춥더라도   ② 추워서는

③ 추워질 텐데   ④ 추울까 봐서

7.

> 가 : 공원이 왜 이렇게 시끄럽죠?
> 나 : 오늘 공원에서 가수들이 공연을 한다고 들었는데 벌써 <u>시작된 것 같아요</u>.

① 시작됐나 봐요   ② 시작될 만해요

③ 시작되려고 해요   ④ 시작됐어야 해요

8.

> 가 : 오늘 나랑 같이 영화 보러 가지 않을래?
> 나 : 미안해. 오후에 친구가 <u>올지도 몰라서</u> 같이 못 갈 것 같아.

① 올까 봐   ② 오는 길에

③ 오는 중이라서   ④ 올 리가 없어서

9.

> 가 : 어제 민수가 스키 타는 거 보셨어요?
> 나 : <u>넘어질 것 같아서</u> 걱정했는데 제법 잘 타더라고요.

① 넘어진다면   ② 넘어질 텐데

③ 넘어질까 봐   ④ 넘어질 정도로

10.

> 가 : 결혼을 하면 행복하겠지요?
> 나 : <u>누구하고 결혼하느냐에 따라 다르지요</u>. 안 맞는 사람과 결혼하면 불행할 수 도 있어요.

① 누구와 결혼하든 마찬가지예요   ② 누구와 결혼하느냐에 달려 있어요

③ 누구와 결혼하든지 행복하지 않아요   ④ 누구와 결혼하더라도 행복할 거예요

1.

> 식당 앞에 줄을 선 사람들이 (　　) 유명한 식당인 것 같다.

① 많은 대신에　　　　　　② 많을 만해서

③ 많을까 봐서　　　　　　④ 많은 걸 보니까

2.

> 여행지 선택 및 여행 기간은 여러분의 (　　) 결정될 것입니다.

① 투표에 관해서　　　　　　② 투표에 비해서

③ 투표에 의해서　　　　　　④ 투표에 대해서

3.

> 밤을 새웠으면 (　　) 잠깐이라도 눈 좀 붙이세요.

① 피곤한 데다가　　　　　　② 피곤할 테니까

③ 피곤해 가지고　　　　　　④ 피곤한 반면에

4.

> 가 : 혹시 철수 씨 보셨어요?
> 나 : 아까 도서관에 간다고 했으니까 도서관에 (　　).

① 있을걸요　　　　　　② 있잖아요

③ 있거든요　　　　　　④ 있기는요

5.

> 지금 사는 방은 둘이 (　　) 좀 좁아서 넓은 방을 구하기로 했다.

① 사느니　　　　　　② 살아야

③ 사느라고　　　　　　④ 살기에는

6. ① <u>반바지를 입기에는</u> 아직은 날씨가 쌀쌀하다.

② 동생의 눈이 부은 걸 보니 <u>많이 운 모양입니다</u>.

③ <u>막차를 놓치지 않을까 봐</u> 죽을힘을 다해 뛰어갔다.

④ 우리 회사의 존폐는 이번에 개발한 <u>신제품에 달려 있다</u>.

7. ① 단어 하나만 찾고 <u>돌려 드릴 테니까</u> 사전 좀 빌려 주세요.

② 비행기 표 값은 <u>언제 비행기를 타느냐에 따라</u> 차이가 많이 난다.

③ 예전에는 못 보던 반지를 낀 걸 보니 사귀는 사람이 <u>생기나 봐요</u>.

④ 이번 학기 성적은 <u>시험 점수와 평소 태도에 의해</u> 결정될 것입니다.

8.

시장에서 음식 재료를 사 온 걸 보니까 요리를 <u>하려나 봐요</u>.

① 할 모양이에요   ② 하는 법이에요

③ 할 지경이에요   ④ 하려던 참이에요

9.

가 : 오늘 영희 씨 보셨어요?
나 : 네. 좀 전에 컴퓨터로 찾을 게 있다고 했으니까 아마 컴퓨터실에 <u>갔을 거예요</u>.

① 갔던데요   ② 갔을걸요

③ 갔거든요   ④ 갔잖아요

10.

우리 팀의 상대가 어떤 팀이 될지는 이번 경기 <u>결과에 의해 결정될 것이다</u>.

① 결과만 못하다   ② 결과였으면 한다

③ 결과에 달려 있다   ④ 결과일 리가 없다

CHAPTER 09

어휘 ▶▶ 동사 3

문법 ▶▶ 회상 · 전환 · 변화 · 가능성

01 −더라고(요)

02 −더군(요)

03 −던데

04 −더니

05 −던

06 −다가

07 −(으)려다가

08 −아/어지다

09 −게 되다

10 −(으)ㄹ/는 수 가 있다

11 −(으)ㄹ지도 모르다

12 는/(으)ㄹ 수밖에 없다

어휘-동사 3

❖ 어휘알기

가지다	그는 뛰어난 음악적 재능을 **가지고** 있다.
보내다	매달 부모님께 편지를 **보낸다**.
풀다	시험 문제를 십 분 만에 **풀었다**.
맡기다	사람들은 돈을 은행에 **맡겨** 놓는다.
섞다	검정색과 흰색을 **섞으면** 회색이 된다.
견디다	유학 생활이 아무리 힘들어도 **견뎌야** 한다.
가꾸다	우리 아버지께서는 일요일마다 정원을 **가꾸신다**.
채우다	컵에 물을 가득 **채웠다**.
찾다	모르는 단어가 있으면 사전을 **찾습니다**.
변하다	한국에서 사는 동안 입맛이 **변했다**.
담다	그릇에 음식을 가득 **담았다**.
고르다	선물을 **고르는** 데 두 시간이나 걸렸다.
표현하다	나의 생각을 한국말로 **표현해야** 한다.
떠오르다	그 사진을 보니 행복했던 추억들이 **떠올랐다**.
묶다	나는 항상 머리를 **묶고** 다닌다.

연습1

※ 다음 (   )에 들어갈 단어를 〈보기〉에서 골라 문장을 완성하십시오.

> **보기**   풀다   가꾸다   찾다   담다   표현하다   떠오르다

1) 이 음악을 들으니까 작년에 돌아가신 할머니가 (   ).

2) 회의 중에는 나의 의견을 분명히 (   ) 한다.

3) 쏟아진 물은 다시 그릇에 (   ) 수 없다.

4) 지난주에 잃어버린 외국인등록증을 (   ) 다행이다.

5) 몸매를 예쁘게 (   ) 위해서 운동을 꾸준히 했다.

6) 스트레스가 쌓이면 쇼핑을 해서 스트레스를 (   ).

 **좀 더 알아보기**

◆ **유의어**

- 커피에 우유를 **섞다** - **혼합하다**
- 추위를 **견디다** - **참다**
- 인상이 **변하다** - **달라지다**
- 가방을 **고르다** - **선택하다**
- 의사를 **표현하다** - **나타내다**

◆ **반의어**

- 소포를 **보내다** - **받다**
- 병에 물을 **채우다** - **비우다**
- 음식을 접시에 **담다** - **덜다**
- 솔직한 감정을 **표현하다** - **감추다**
- 운동화 끈을 **묶다** - **풀다**

◆ **다의어 및 동음이의어**

올리다	손을 **올려서** 높은 곳의 물건을 잡았다.
	나는 대학을 졸업하자마자 **결혼식을 올렸다**.
	남의 이야기를 함부로 **입에 올려서는** 안된다.
	김과장은 **결재 서류를** 사장님께 **올렸다**.
	가게 주인은 그 물건이 잘 팔리자 **값을 올렸다**.

나다	사춘기가 되자 얼굴에 **여드름이 나기** 시작했다.
	그 가수가 다음 주에 결혼을 한다고 **소문이 났다**.
	새로 산 컴퓨터가 자꾸 **고장이 나서** 환불하려고 해요.
	여러 번 이야기를 했는데도 말을 듣지 않아서 **화가 났다**.
	홍수가 자주 나는 지역의 피해를 줄이기 위한 공사가 진행 중이다.

연습2

※ 다음 (   )에 들어갈 단어를 〈보기〉에서 골라 문장을 완성하십시오.

> **보기**   감추다   덜다   선택하다   혼합하다   나다   올리다

1) 내가 원하는 대학교에 가려면 열심히 공부해서 성적을 (   ).

2) 놀이기구를 타 보려고 했는데 도저히 겁이 (   ) 못 타겠더라고요.

3) 이번 중간고사 시험을 망쳐서 엄마에게 혼이 날까 봐 성적표를 침대 밑에 (   ).

4) 무엇을 전공할까 고민을 많이 했지만 결국 내가 좋아하는 경제학을 (   ).

1~3 다음 (   )에 알맞은 것을 고르십시오.

1. 요즘 사람들은 대부분 휴대폰을 (   ) 다닌다.

　① 나누고　　　　② 가리고　　　　③ 아끼고　　　　④ 가지고

2. 친구에게 기숙사 열쇠를 (   ) 놓았다.

　① 덜어　　　　　② 묶어　　　　　③ 건져　　　　　④ 맡겨

3. 날씨가 추워지면서 비가 눈으로 (   ).

　① 봤다　　　　　② 변했다　　　　③ 표현했다　　　④ 만들었다

4~6 다음 밑줄 친 부분과 의미가 비슷한 것을 고르십시오.

4. 한 시간만 더 <u>견디면</u> 목적지에 도착합니다.

　① 이기면　　　　② 참으면　　　　③ 올리면　　　　④ 자르면

5. 여러 가지 과일 중에서 나는 사과와 바나나를 <u>골랐다</u>.

　① 가꿨다　　　　② 찾았다　　　　③ 잘랐다　　　　④ 선택했다

6. 한국 사람들은 맥주와 소주를 <u>섞어서</u> 마시기도 합니다.

　① 식혀서　　　　② 들어서　　　　③ 혼합해서　　　④ 상상해서

7~9 다음 밑줄 친 부분과 의미가 반대인 것을 고르십시오.

7. 내 동생은 아직 어려서 혼자서 신발 끈을 못 <u>묶어요</u>.

　① 세워요　　　　② 풀어요　　　　③ 열어요　　　　④ 꺼내요

8. 목욕을 하기 위해 욕조에 물을 가득 <u>채웠다</u>.

　① 퍼졌다　　　　② 감췄다　　　　③ 비웠다　　　　④ 정했다

9. 외국에 있는 친구에게 생일 선물을 <u>보냈어요</u>.

　① 썼어요　　　　② 들었어요　　　　③ 모았어요　　　　④ 받았어요

속담 및 관용표현

1)

가 : 수지 씨, 둘 중에 어떤 옷이 더 좋을까요?

나 : 이 옷으로 하세요. **같은 값이면 다홍치마**라고 가격이 비슷하다면 더 예쁘고 좋은 걸로 해야지요.

2)

가 : 저는 그동안 **우물 안 개구리**였어요.

나 : 왜 그런 소리를 해요?

가 : 제가 한국어를 아주 잘하는 줄 알았는데 전국 외국인 말하기 대회에 나가보니까 한국어를 잘하는 학생들이 굉장히 많더라고요.

3)

가 : 창문 고쳐요?

나 : 네. 창문이 고장 나서 지난달에 도둑이 들었어요.

가 : **소 잃고 외양간 고친다**는 말이 있잖아요. 미리미리 고쳤으면 물건도 안 잃어버렸을 텐데.

4)

가 : 영수씨는 약속 시간에 매번 늦는 것 같아요.

나 : 네. 늦게와도 미안해하기는커녕 뭐가 늦었냐며 오히려 큰소리예요.

가 : 정말 **얼굴이 두꺼운** 사람이네요.

---

1) 같은 값이면 다홍치마 : 가격이 같거나 같은 노력을 한다면 품질이 좋은 것을 선택한다.

2) 우물 안 개구리 : 넓은 세상을 모르는 폭이 좁은 사람

3) 소 잃고 외양간 고친다 : 어떤 일이 일어난 후에 후회해도 소용없다.

4) 얼굴이 두껍다 : 부끄럽거나 창피한 것을 모르는 사람

어휘-회상·전환·변화·가능성

❖ 문법알기

회상	-더라고(요)	인천공항이 정말 크고 **깨끗하더라고요**.
	-더군(요)	그 친구는 농구를 아주 **좋아하더군요**.
	-던데	도서관에 자주 **가던데** 책 읽는 걸 좋아하시나 봐요.
	-더니	아침에는 날씨가 **흐리더니** 오후가 되니 맑아졌네요.
	-던	여기는 제가 고등학교에 다닐 때 자주 **가던** 식당입니다.
전환	-다가	숙제를 **하다가** 친구가 와서 같이 저녁을 먹었다.
	-(으)려다가	치마를 **사려다가** 마음에 드는 게 없어서 바지를 샀다.
변화	-아/어지다	겨울이 되니까 해가 많이 **짧아졌다**.
	-게 되다	김치를 자주 먹다 보니까 **좋아하게 됐어요**.
가능성	-(으)ㄹ/는 수 가 있다	충분히 연습을 해도 긴장을 하면 **실수할 수가 있다**.
	-(으)ㄹ지도 모르다	내일 중요한 시험이 있어서 오늘 모임에 **못 갈지도 모르겠다**.
	-는/(으)ㄹ 수밖에 없다	가정 형편이 좋지 않아서 공부를 계속하려면 아르바이트를 **할 수밖에 없다**.

◈ 회상

01 -더라고(요)

과거의 경험을 회상하여 말할 때 사용한다.

친구가 **노래를 잘 부르더라고요**.
선생님의 **아이들이 아주 귀엽더라고요**.
아침에 일어나 보니까 **눈이 오더라고요**.
과일을 좀 사려고 했는데 **다 팔렸더라고요**.

02 -더군(요)

과거의 경험을 회상하여 말할 때 사용한다.

친구가 **그림을 잘 그리더군요.**
어제 간 식당이 **아주 비싸더군요.**
김치를 처음 먹었을 때는 **맛이 좀 이상하더군요.**
재미있다고 해서 봤는데 **나는 별로 재미가 없더군.**

03 -던데 ★★★

뒤 문장과 관련해 경험한 것을 회상하여 표현할 때 사용한다.

아까 교실이 시끄럽던데 교실에서 무슨 일이 있었나요?
지난번에 먹은 치킨이 맛있던데 어디에서 산 거예요?
동생이 평소에는 잘 자던데 오늘은 무슨 걱정이 있는지 잠을 못 이루네요.
오전에는 눈이 많이 쌓였던데 오후가 되니까 다 녹았네요.

> *내가 **책을 읽던데** 친구가 찾아왔어요.
> → 일반적으로 주어가 "나"일 때는 동사에 사용할 수 없다.

04 -더니 ★★★

뒤 문장의 이유나 뒤 문장과 다른 상황을 회상할 때 사용한다. 앞 문장과 같은 동작을 한 후에 뒤 문장과 같은 일이 생겼다는 것을 나타낼 수도 있다.

친구가 어렸을 때는 **키가 작더니** 지금은 우리 반에서 제일 커요.
처음에는 식당에 **손님이 별로 없더니** 언제부터인가 많아지기 시작했어요.
친구가 열심히 공부하더니 이번 시험에서 일등을 했다고 하네요.
커피를 몇 잔 마셨더니 잠이 잘 안 오네요.
여자 친구에게 **받고 싶은 선물이 뭐냐고 물었더니** 제 마음이라고 하네요.

05 -던 ★★★

과거에 반복적으로 한 행동이나 아직 완료되지 않은 행동 등을 회상하여 명사를 수식할 때 사용한다.

이게 **내가 초등학교에 다닐 때 사용하던** 책상이다.
형이 입던 옷을 동생에게 물려주었다.
아까 하던 이야기를 계속 할까요?
음식을 준비하기 귀찮아서 **어제 먹던** 피자를 데워 먹었다.
낮에는 차와 사람들로 복잡하던 거리가 저녁이 되면서 한산해졌다.

◈ 전환

06 -다가

어떤 동작이 끝나지 않은 상태에서 다른 동작을 하거나 어떤 동작을 하는 중에 다른 동작을 함을 나타낸다.

숙제를 하다가 잠이 들었어요.
영화를 보다가 갑자기 고향 생각이 나서 집에 전화를 걸었다.
학교에 오다가 선생님을 만나서 같이 걸어 왔어요.
친구와 이야기를 하다가 부모님 전화를 받았어요.

07 -(으)려다가

원래의 계획이나 의도를 다른 것으로 바꾸었음을 나타낸다.

외출하려다가 갑자기 비가 와서 집에 있었다.
청소 후에 **빨래도 하려다가** 시간이 별로 없어 다음에 하기로 했다.
친구에게 이야기하려다가 비밀이라는 것이 생각나서 가만히 있었다.
화를 내려다가 친구의 얼굴을 보고 마음을 바꾸었다.

◈ 변화

08 -아/어지다 ★★★

형용사 뒤에 붙어 말하려는 대상의 상태가 변화했음을 나타낸다.

규칙적으로 운동을 해서 **건강해진** 것 같아요.
한국어는 공부하면 할수록 더 **재미있어지는** 것 같아요.
청소를 마친 후에 깨끗해진 방을 보니까 **기분이 좋아졌다.**
날씨가 더워지면서 아이스크림 판매량이 많아지고 있습니다.
과학과 기술의 발달로 인간의 생활은 말할 수 없을 정도로 **편리해졌다.**

09 -게 되다

동작의 변화나 어떤 동작을 하게 됐음을 나타낸다.

한국에 와서 김치를 **좋아하게 됐어요.**
집에서 직장이 너무 멀어 **이사를 가게 됐어요.**
한 번 만나 보면 **그 사람을 좋아하게 될 거예요.**
드라마를 많이 보면 **한국어와 한국 문화를 배우게 돼요.**

◈ 가능성

10 –(으)ㄹ/는 수(가/도) 있다

어떤 경우가 되거나 어떤 동작이 일어날 가능성이 있음을 나타낸다.

원숭이도 **나무에서 떨어질 수 있다.**
비가 올 수도 있으니까 우산을 가져가세요.
실수할 수 있으니 다시 한 번 연습해 보자.
기분이 나쁠 수도 있으니 그만 이야기하세요.

11 –(으)ㄹ지(도) 모르다

어떤 상태이거나 어떤 일이 일어날 가능성이 있음을 나타낸다.

아직 **표가 있을지도 모르니까** 한번 확인해 보자.
나중에 필요할지도 모르니까 버리지 마세요.
친구가 벌써 **그 소식을 들었을지도 몰라.**
이 일이 **좋은 기회일지도 몰라.**

12 –(으)ㄹ/는 수밖에 없다 ★ ★ ★

다른 선택이나 가능성이 없음을 나타낸다.

옷이 너무 예뻐 보여서 **살 수밖에 없었어요.**
영화가 감동적이어서 **눈물을 흘릴 수밖에 없었다.**
환하게 웃는 아이를 보면 **사랑할 수밖에 없다.**
늘 다른 사람을 먼저 생각하니 친구들에게 **인기가 많을 수밖에 없어요.**

"더니"의 다양한 의미

＊ "더니"는 과거에 경험한(보고, 듣고, 느낀) 내용을 회상하면서 그 내용을 뒤 문장과 연결해 주는 역할을 하는데 크게 세 가지의 의미로 나눠 볼 수 있다.

1) 과거와 달라진 것을 표현할 때

아침에는 맑더니 오후가 되면서 갑자기 하늘이 흐려졌다.

전에는 자기만 알더니 이제는 다른 사람도 배려할 줄 아니 너도 이제 다 컸구나.

친구가 **처음에는 소극적이더니** 지금은 우리 반에서 제일 적극적이다.

아내가 **결혼 전에는 육식을 안 하더니** 이제는 먼저 고기를 먹자고 할 때도 있다.

2) 앞 문장이 뒤 문장의 원인이라는 것을 표현할 때

친구가 **공부를 열심히 하더니** 장학금을 받게 됐다고 하네요.

동생이 **어제 늦게 자더니** 아침 내내 일어나지 않는다.

산책을 했더니 우울했던 기분이 좀 나아졌다.

시간이 없어 **점심을 좀 급하게 먹었더니** 속이 영 불편하다.

3) 앞 문장과 같은 동작을 한 후에 이와 관계있는 일이 발생했거나 또는 어떤 사실을 알게 됐다는 것을 의미하기도 한다.

친구는 **장학금을 받더니** 한턱 내겠다며 우리 모두를 근처 식당으로 데려 갔다.

선생님께서 **내 공책을 보시더니** 정리를 잘했다고 칭찬해 주셨다.

전부터 마음에 두고 있었던 그녀에게 **사랑 고백을 했더니** 그녀는 환하게 웃었다.

약속 시간보다 10분쯤 **늦게 도착했더니** 아무도 없었다.

연습

 제시된 문법을 이용해서 문장을 완성하십시오.

-던데

1. 아까 바쁘게 뛰어가다 / 무슨 일이 있다

⇨

2. 그 친구가 다음 주에 외국으로 유학을 간다고 하다 / 같이 식사나 하다

⇨

-는/(으)ㄹ 수밖에 없다

3. 그 사람은 부지런하고 성실하다 / 성공하다

⇨

4. 돈을 절약하지 않고 마음대로 쓰다 / 가난해지다

⇨

 다음 그림을 보고 제시된 문법을 이용해서 문장을 만드십시오.

5.

-던

⇨

6.

-더니

⇨

7.

-아/어지다

8~13   다음 〈보기〉의 문법을 이용해서 문장을 완성하십시오.

> 보기   -아/어지다   -던데   -더니   -던   -(으)ㄹ/는 수밖에 없다

8. 이것은 제가 3년 동안 _________________ 나무예요. (가꾸다)

9. 아까 친구한테 가방을 맡기고 급하게 _________________ 어디 다녀왔어요? (가다)

10. 이 카메라는 제가 _________________ 것인데 필요하면 가지세요. (쓰다)

11. 말하기를 매일 연습하니까 내 생각을 표현하는 게 _________________. (쉽다)

12. 포도주 뚜껑을 계속 열어 놓으면 맛이 _________________. (변하다)

13. 그는 역경을 _________________ 결국 성공하고야 말았다. (견디다).

14~17   알맞은 표현을 고르십시오.

14. 어제부터 (푼 / 풀던) 문제를 오늘 다 풀었어요.

15. 친구에게 주려고 3일 전에 (사던 / 샀던) 시계를 깜빡하고 안 가지고 왔어요.

16. 그 친구는 공부를 열심히 (하더니 / 했더니) 시험에 합격했어요.

17. 저는 발음 연습을 열심히 (하더니 / 했더니) 발음이 정확해졌어요.

 다음 문장이 맞으면 ○, 틀리면 X 하십시오.

18. 남자 친구에게 꽃다발을 받으니까 기분이 정말 좋던데요.　　　　　(　)

19. 이 사진은 제가 초등학교 때 찍던 것인데, 조금 유치하지요?　　　　(　)

20. 열심히 운동했더니 허리가 가늘어졌어요.　　　　　　　　　　　(　)

21. 돈을 아끼던데 그 돈으로 자동차를 샀어요.　　　　　　　　　　(　)

22. 아까 소주와 맥주를 섞어서 마시던데 맛이 어땠어요?　　　　　　(　)

1~5 다음 (   )에 알맞은 것을 고르십시오.

1.

> 가 : 조금 전에 더워서 에어컨을 켰는데 지금은 좀 어때요?
> 나 : 네, 많이 (   ).

① 시원해졌어요
② 시원할 참이에요
③ 시원할 수가 있어요
④ 시원한 적이 있어요

2.

> 가 : 민수 씨가 짐을 고향으로 (   ).
> 나 : 그래요? 다음 주에 돌아가니까 짐을 미리 부쳤나 봐요.

① 보냈기는요
② 보냈던데요
③ 보내려나 봐요
④ 보내려고 해요

3.

> 가 : 오늘 정민 씨가 학교에 안 왔던데 무슨 일이래요?
> 나 : 제가 방금 전화해 (   ) 부모님이 오셔서 공항에 마중 나갔대요.

① 봤다면
② 봤는지
③ 봤다가
④ 봤더니

4.

> 가 : 부모님께 드릴 화장품을 사고 싶은데 뭐가 좋을까요?
> 나 : 예전에는 정민 씨 것만 (   ) 오늘은 웬일로 부모님 물건을 고르세요?
> 가 : 다음 주가 어버이날이잖아요.

① 살수록
② 사듯이
③ 사므로
④ 사더니

5.

> 가 : 조금만 있으면 방학인데 왜 벌써 고향으로 돌아가요?
> 나 : 할머니께서 돌아가셔서 (   ).

① 갈 뻔해요
② 갈 법해요
③ 갈 망정이에요
④ 갈 수밖에 없어요

 다음 밑줄 친 부분이 **틀린** 것을 고르십시오.

6. ① 저는 무서운 영화를 <u>싫어하던데요</u>.

② 어제는 흐렸지만 오늘은 <u>맑던데요</u>.

③ 그 사람이 새로운 직장을 찾고 <u>있던데요</u>.

④ 그 물건은 써 보니까 품질이 별로 <u>좋지 않던데요</u>.

7. ① 지난 주말에는 <u>덥더니</u> 이번 주는 시원해요.

② 아까는 끈이 <u>묶여 있더니</u> 지금은 풀어졌네요.

③ 내가 열심히 <u>공부하더니</u> 시험 성적이 좋았어요.

④ 어젯밤에 밤새도록 <u>공부했더니</u> 오늘은 좀 피곤해요.

8. ① 저 바구니는 과일을 <u>담던</u> 거예요.

② 며칠 전에 <u>가던</u> 식당을 도무지 찾을 수 없어요.

③ 이 사진을 <u>찍었던</u> 장소가 어디인지 기억나지 않아요.

④ 이 커피숍은 제가 자주 가서 추억을 <u>떠올리던</u> 곳이에요.

 다음 밑줄 친 부분과 바꾸어 쓸 수 있는 것을 고르십시오.

9.

> 가 : 감기에 심하게 걸린 것 같은데 병원에는 갔다 왔어요?
> 나 : 네, 목과 머리가 너무 아파서 <u>갈 수밖에 없었어요</u>.

① 갈 줄 알았어요　　　　　　　② 안 가려고 했어요

③ 가지 말았어야 했어요　　　　④ 가지 않을 수가 없었어요

 ㉠에 알맞은 것을 고르십시오.

10.

> 　우리 몸이 쾌적함을 느끼는 데는 기온^습도^풍속 등이 영향을 미친다. 기온이 가장 큰 영향을 미치고 그 다음으로 중요한 것이 습도이다. 장마철처럼 습도가 높으면 열이 몸밖으로 덜 빠져나가기 때문에 더위를 타지 (　㉠　) 사람도 덥게 느껴지는 경우가 있다. 즉 온도가 같더라도 습기에 따라 사람들이 느끼는 쾌적함은 차이가 나는 것이다.

① 않던　　　　　　　　　　　② 않던데

③ 않더니　　　　　　　　　　④ 않는다면

1~5 다음 (   )에 알맞은 것을 고르십시오.

1.

> 가 : 비도 안 오는데 왜 우산을 가져 왔어요?
> 나 : 일기예보를 보니까 오후에는 비가 (   ).

① 내릴 지경이네요　　　　　　　② 내릴 리가 없잖아요

③ 내리기 십상이거든요　　　　　④ 내린다고 하더라고요

2.

> 친구가 늦잠을 자서 (   ) 오늘은 수업이 없다는 게 생각나 깨우지 않았다.

① 깨우려면　　　　　　　　　　② 깨웠거든

③ 깨우려다가　　　　　　　　　④ 깨웠다가는

3.

> 친하다고 함부로 말을 하다 보면 상대에게 큰 상처를 (   ).

① 줄걸 그랬다　　　　　　　　　② 주는 편이다

③ 줄 수도 있다　　　　　　　　　④ 주려던 참이다

4.

> 혹시 어제 우리가 (   ) 사람의 이름을 아세요?

① 만날　　　　　　　　　　　　② 만났던

③ 만나던　　　　　　　　　　　④ 만나는

5.

> 택시를 타려고 했는데 친구는 아직 버스가 (   ) 조금 더 기다려 보자고 했다.

① 다니게 돼서　　　　　　　　　② 다니는 바람에

③ 다닌다고 해도　　　　　　　　④ 다닐지도 모르니까

6~7 다음 밑줄 친 부분이 틀린 것을 고르십시오.

6. ① 날씨가 <u>더워지면서</u> 빙과류 판매가 급증하였다.

② 어제 좀 무리를 <u>하더니</u> 오늘은 계속 피곤하네요.

③ 아까 수미 씨가 울고 <u>있던데</u> 도대체 왜 그런지 아세요?

④ 기숙사에 <u>갔다가</u> 교실에 책을 두고 온 것이 생각나 다시 학교에 갔다.

7. ① 아침에 일어나서 보니까 눈이 많이 <u>내렸더라고요</u>.

② 아이들의 자는 얼굴을 보고 있으면 저절로 기분이 <u>좋아해진다</u>.

③ 선생님께서 내일까지 과제를 내라고 하셔서 <u>밤을 새울 수밖에 없었다</u>.

④ 이 책을 읽으면서 진정한 우정이 무엇인지 다시 한 번 <u>생각하게 됐습니다</u>.

8.

마트에서 이것저것 잔뜩 사서 집에 <u>가다가</u> 봉투가 찢어져서 안에 있던 물건이 바닥에 쏟아졌다.

① 가는 길에   ② 가는 대로

③ 가는 대신에   ④ 가는 바람에

9.

날씨 때문에 오늘 체육대회는 다음 주로 <u>연기될 수도 있다</u>.

① 연기됐으면 한다   ② 연기됐을 뿐이다

③ 연기되기 마련이다   ④ 연기될지도 모른다

10.

오랜만에 가족과 외식을 <u>할까 했는데</u> 가는 날이 장날이라고 우리가 즐겨 찾는 식당이 문을 닫았다.

① 할 겸해서   ② 한다고 하기에

③ 하려고 했더니   ④ 하는 걸 보니까

1~5 다음 (   )에 알맞은 것을 고르십시오.

1. (   ) 들은 음악이 그 가수의 신곡이에요.

① 제법　　　　② 아까　　　　③ 점차　　　　④ 서서히

2. 목이 빠지게 기다렸지만 그는 (   ) 오지 않았다.

① 끝내　　　　② 겨우　　　　③ 자세히　　　　④ 도저히

3. 자신의 개성을 옷차림으로 (   ) 사람이 점점 늘어나고 있다.

① 버리는　　　　② 정하는　　　　③ 고르는　　　　④ 표현하는

4. 1990년대를 배경으로 한 영화를 보니 나의 초등학교 시절이 (   ).

① 채웠다　　　　② 흘렀다　　　　③ 보냈다　　　　④ 떠올랐다

5. 교통사고 후유증으로 걸을 수 없는 그가 너무 (   ) 뿐이었다.

① 평범할　　　　② 신기할　　　　③ 충분할　　　　④ 안타까울

6~9 다음 밑줄 친 부분과 의미가 비슷한 것을 고르십시오.

6. 그 이야기를 듣고 그 사람 얼굴빛이 <u>달라졌다</u>.

① 묶었다　　　　② 담았다　　　　③ 변했다　　　　④ 바꿨다

7. 오늘 그는 <u>분명히</u> 오지 않을 겁니다.

① 겨우　　　　② 내내　　　　③ 좀처럼　　　　④ 확실히

8. 일주일 동안 밥을 안 먹고 <u>견딜</u> 수 있겠어요?

① 버틸　　　　② 멈출　　　　③ 쏟을　　　　④ 꺼낼

9. 오랜만에 친구들을 만나서 <u>스트레스를 풀었어요</u>.

① 받았어요　　　　② 들었어요　　　　③ 알았어요　　　　④ 해소했어요

 다음 (   )에 공통적으로 들어갈 동사를 고르십시오.

10.

> 그 여자는 남자처럼 얼굴에 수염이 (   ) 매일 면도를 한다.
> 이번 시험에 (   ) 문제는 모두 내가 아는 문제였다.
> 노래를 부르는데 자꾸 기침이 (   ) 끝까지 부르지 못했다.

① 보다   ② 나다   ③ 멈추다   ④ 생기다

11.

> 약사는 의사가 발급한 처방전을 보고 약을 (   ).
> 나는 아직까지 밥을 (   ) 본 적이 없다.
> 나의 꿈은 큰 집을 (   ) 온 가족이 모여서 사는 것이다.

① 짓다   ② 사다   ③ 하다   ④ 만들다

 다음 밑줄 친 부분과 의미가 반대인 것을 고르십시오.

12. 현금은 은행에 <u>맡겨</u> 놓는 것이 가장 안전합니다.

① 담아   ② 찾아   ③ 묶어   ④ 섞어

13. 그 사람은 몸에 <u>해로운</u> 음식을 절대로 먹지 않아요.

① 부러운   ② 두꺼운   ③ 이로운   ④ 새로운

 다음 (   )에 알맞은 것을 고르십시오.

14.

> 가 : 김 과장님이 사무실에 (   ) 전화해 보세요.
> 나 : 아닐걸요. 출발한 지 20분밖에 안 됐으니까 1시간 후쯤 도착하실 거예요.

① 도착하시면   ② 도착하셨을 텐데
③ 도착한 줄 아니까   ④ 도착하실까 하는데

15.

> 가 : 언제 운동하는 것이 다이어트에 효과적이에요?
> 나 : 언제 (   ) 상관없지만, 저녁 식사 후에 하면 더 좋아요.

① 하기에   ② 하니까
③ 하더니   ④ 하든지

16.

가 : 혹시 민수 봤니? 같이 도서관에 가기로 했는데 아직 안 와서.

나 : 아까 식당에서 밥을 ( ).

① 먹던데   ② 먹어야지

③ 먹으려고   ④ 먹고말고

17.

가 : 어떤 차가 좋을까요?

나 : 수미 씨가 ( ) 이 차가 좋을 것 같아요. 연비가 높잖아요.

① 타거나   ② 타려고

③ 탈 뿐인   ④ 타기에는

18.

가 : 김 대리님 휴가 안 가세요?

나 : 보고서를 아직 못 내서 휴가를 ( ).

① 미루기는 해요   ② 미루고야 말겠어요

③ 미룰 수밖에 없어요   ④ 미룰 것까지는 없어요

　다음 중 밑줄 친 부분이 **틀린** 것을 고르십시오.

19. ① 할아버지께 <u>여쭐</u> 말씀이 있다.

② 선생님을 댁까지 차로 <u>모셔다 드렸다</u>.

③ 형이 나를 좀 <u>도와 드리겠다고</u> 말했다.

④ 선생님께서 나를 사무실로 <u>오라고</u> 했다.

20. ① 살이 빠져서 셔츠가 <u>헐렁해졌다</u>.

② 20년 간 <u>일해 온</u> 회사를 떠나게 되었다.

③ 아까 보니 시험 일정이 게시판에 <u>붙고 있다</u>.

④ 늦잠을 자는 바람에 중요한 회의에 <u>늦고 말았다</u>.

21. ① 맛있는 음식이 <u>있길래</u> 이것저것 많이 먹었어요.

② 지난번 시험은 <u>쉬웠더니</u> 이번 시험은 어려워요.

③ 누구나 친절한 사람을 <u>좋아하듯이</u> 저도 그래요.

④ 잠을 <u>안</u> 자더라도 내일까지는 숙제를 끝내야 해요.

22. ① 동생이 먹고 싶다기에 찌개를 <u>끓었다</u>.

② 여행가는 동안에 강아지를 이웃에 <u>맡겼다</u>.

③ 사장님이 자리에 안 계셔서 책상 위에 메모를 <u>남겼다</u>.

④ 새로 출시된 차에 문제가 있다는 사실을 소비자들에게 <u>숨겼다</u>.

23. ① 저 병원은 제가 <u>태어나던</u> 곳입니다.

② 이 차는 <u>중고차치고는</u> 성능이 좋습니다.

③ 매일 두 시간씩 했으니까 열심히 <u>한 셈입니다</u>.

④ <u>그분이야말로</u> 한국을 대표할 만한 화가입니다.

24~26 다음 중 밑줄 친 부분과 바꾸어 쓸 수 있는 것을 고르십시오.

24.

> 가 : 사무실에 사람이 있어요?
> 나 : 불이 꺼진 걸 보니까 다 <u>돌아간 모양이에요</u>.

① 돌아가려고요   ② 돌아갔나 봐요

③ 돌아가려고 해요   ④ 돌아갈 줄 몰랐어요

25.

> 가 : 주말에 나랑 같이 봉사 활동하러 안 갈래요?
> 나 : 남자친구가 휴가 <u>나올지도 몰라서</u> 못 가겠어요.

① 나와야   ② 나오거든

③ 나올까 봐   ④ 나오는 대로

26.

> 가 : 이번 사건의 범인이 잡혔다면서요?
> 나 : 그러게요. 나쁜 짓을 하면 언젠가는 <u>잡히기 마련이지요</u>.

① 잡힐 뿐이에요   ② 잡히는 법이지요

③ 잡히는 편이에요   ④ 잡히려던 참이에요

가 : 내일 어디로 출장 가세요?

나 : 경주로 출장을 가는데 (㉠   ) 곳이 있으면 추천해 주세요.

가 : 글쎄요. 저는 불국사가 좋던데요. 한국의 아름다운 건축 문화를 엿볼 수 있으니까요.

나 : 불국사요? 거기는 (㉡   ) 가 봤는데 다른 곳은 없어요?

27. ㉠에 알맞은 것을 고르십시오.

① 보든지   ② 보면서

③ 볼 만한   ④ 볼 뿐인

28. ㉡에 알맞은 것을 고르십시오.

① 금방   ② 이미   ③ 아직   ④ 이따가

　물은 공기와 마찬가지로 우리가 살아가는 필수 조건이므로 사람은 물 없이는 3일도 버티기 (㉠   ). 우리 몸은 70% 정도가 물로 이루어져 있는데 물이 차지하는 비율은 몸의 성장과 노화에 따라 달라진다. 신생아일 때는 80%, 성인이 되면 70% 정도, 그리고 노년기가 되면 50% 정도를 차지한다.

　만약 물의 섭취가 제대로 이루어지지 않는다면 신진대사율이 떨어지고 세포의 면역력이 약해져서 병원균에 대한 저항력이 약해진다. 또한 체온 조절이 제대로 이루어지지 않아 고온에 시달릴 수도 있다. 결국 '물을 마신다'라는 말은 '생명 활동을 한다'라는 뜻을 가지고 있다. 그렇다고 아무 물이나 무조건 많이 마시라는 것은 아니다. (㉡   ) 말이 있듯이 미네랄이 풍부하고 깨끗한 물을 마셔야 한다. 미네랄은 신진대사에 중요한 기능을 하고 기초 영양소가 체내에 잘 흡수될 수 있도록 돕는 역할을 하기 때문이다.

29. ㉠에 가장 알맞은 것을 고르십시오.

① 어려운 척한다   ② 어려울 참이다

③ 어려울 리가 없다   ④ 어렵기 마련이다

30. ㉡에 알맞은 것을 고르십시오.

① 갈수록 태산이라는   ② 우물 안 개구리라는

③ 배보다 배꼽이 더 크다는   ④ 같은 값이면 다홍치마라는

CHAPTER **10**

어휘 ▶▶ 형용사 3

문법 ▶▶ 부정 · 전부 · 차선 · 시기 · 경과

01 −기는(요)

02 −은/는커녕

03 아무 −도

04 −(이)나 −(이)나 할 것 없이

05 −치고(는)

06 아무 −나

07 −(이)나

08 −(이)나마

09 −는 동안/사이(에)

10 −는 중에

11 −(으)ㄴ 지 (기간)이 되다

12 −만에

어휘-형용사 3

❖ 어휘알기

괴롭다	취직이 안 돼서 마음이 **괴롭다**.
부럽다	나는 노래 잘 부르는 사람이 **부럽다**.
거칠다	겨울이 되면 피부가 **거칠어진다**.
답답하다	문제가 해결되지 않아서 마음이 **답답하다**.
곱다	어제 본 신부의 얼굴이 참 **고왔다**.
익숙하다	한국 생활에 **익숙해졌다**.
안전하다	화재가 발생하면 재빨리 **안전한** 곳으로 대피해야 한다.
솔직하다	나는 그의 **솔직한** 성격이 좋다.
낯설다	사무실에서 **낯선** 사람이 나를 기다리고 있었다.
급하다	시간이 없어서 밥을 **급하게** 먹었다.
드물다	요즘은 휴대폰 없는 사람이 **드물다**.
끊임없다	성공을 위해서는 **끊임없는** 노력이 필요하다.
정확하다	돈 계산은 **정확하게** 해야 한다.
가득하다	내 옷장은 검정색 옷으로 **가득하다**.
부지런하다	**부지런한** 사람이 성공하는 법이다.

연습1

※ 다음 (   )에 들어갈 단어를 〈보기〉에서 골라 문장을 완성하십시오.

> **보기**　　답답하다　　곱다　　안전하다　　솔직하다　　낯설다　　가득하다

1) 여자 친구의 손이 참 (   ).

2) 지금부터 내 질문에 (   ) 대답하세요.

3) 스트레스를 받으면 가슴이 (   ).

4) 이 식당은 항상 손님들로 (   ).

5) 이 아이는 (   ) 사람을 보면 잘 웁니다.

6) 뉴욕보다 서울이 (   ) 도시라고 생각합니다.

 ## 좀 더 알아보기

◇ 유의어

- 마음이 **괴롭다** - **힘들다**
- 가슴이 **답답하다** - **갑갑하다**
- 대답이 **솔직하다** - **정직하다**
- 기억이 **정확하다** - **분명하다**
- 얼굴이 **익숙하다** - **낯익다**

◇ 반의어

- 피부가 **거칠다** - **곱다**
- 성격이 **급하다** - **느긋하다**
- 음주 운전은 **위험하다** - **안전하다**
- 이런 색깔은 **드물다** - **흔하다**
- 그 사람은 **부지런하다** - **게으르다**

◇ 다의어 및 동음이의어

따르다	목이 말라서 컵에 **물을 따라** 마셨다. 수업이 끝나고 **친구들을 따라서** 식당에 갔다. 우리집 강아지는 유난히 **나를 잘 따른다.** 선생님의 **권유에 따라** 대학원에 가기로 했다. 아무도 어머니의 음식 **솜씨를 따를 수가 없다.**
지다	집을 사느라고 은행에 **빚을 졌다.** 이 세제를 사용하면 옷에 묻은 **얼룩이** 잘 **진다.** **낙엽이** 다 **진** 걸 보니 겨울이 오려나 보다. 목적지에 도착했을 때 이미 **해가 지고** 있었다. 등에 **짐을 지고** 산을 오르려니까 너무 힘들다.

연습2

※ 다음 (   )에 들어갈 단어를 〈보기〉에서 골라 문장을 완성하십시오.

> **보기**   따르다   느긋하다   낯익다   힘들다   지다   흔하다

1) 나는 성격이 급한데 언니는 엄마를 닮아서 성격이 (   ) 편이다.

2) 가족을 잃은 친구의 마음이 얼마나 (   ) 상상이 안 된다.

3) 아버지는 해가 (   ) 전에 반드시 산에서 내려와야 한다고 말씀하셨다.

4) 그 아이는 아이스크림을 사 준다고 하자 낯선 사람을 아무 의심 없이 (   ) 갔다.

1~3 다음 (   )에 알맞은 것을 고르십시오.

1. 저는 몸치라서 춤 잘 추는 사람을 보면 (   ).

① 아쉬워요 ② 안전해요 ③ 솔직해요 ④ 부러워요

2. 지난달에 운전 면허증을 따서 아직 운전에 (   ) 않아요.

① 낯설지 ② 새롭지 ③ 익숙하지 ④ 편리하지

3. 사업에 실패한 후 그는 고통에 (   ) 삶을 살고 있다.

① 가벼운 ② 외로운 ③ 괴로운 ④ 새로운

4~6 다음 밑줄 친 부분과 의미가 비슷한 것을 고르십시오.

4. 다이어트 성공을 위해서는 <u>끊임없는</u> 노력을 해야 한다.

① 바른 ② 새로운 ③ 꾸준한 ④ 자세한

5. 작년은 내 인생에서 가장 <u>괴로운</u> 한 해였다.

① 힘든 ② 가벼운 ③ 외로운 ④ 부끄러운

6. 시골로 가는 버스는 <u>드물게</u> 있다.

① 적게 ② 곱게 ③ 흔하게 ④ 불편하게

7~9 다음 밑줄 친 부분과 의미가 반대인 것을 고르십시오.

7. <u>부지런한</u> 사람은 성공할 가능성이 높다.

① 여린 ② 게으른 ③ 훌륭한 ④ 솔직한

8. <u>급하게</u> 나오는 바람에 지갑을 집에 두고 나왔다.

① 새롭게 ② 흐리게 ③ 빠르게 ④ 느긋하게

9. 고생을 많이 한 남편의 손이 매우 <u>거칠다</u>.

① 심하다 ② 가늘다 ③ 두껍다 ④ 부드럽다

 속담 및 관용표현

1)

가 : 너는 저 아저씨 같은 사람이 왜 좋니?

나 : 완벽하잖아. 외모면 외모, 능력이면 능력,
　　성격이면 성격.

가 : **제 눈에 안경이라더니** 완전히 콩 깍지가
　　씌웠구나.

2)

가 : 표정이 왜 그래?

나 : **바람 맞았어.**

가 : 누구? 정요 씨한테?

나 : 응. 약속 장소에서 세 시간이나 기다렸는데
　　결국 못 만났어.

3)

가 : 고월 씨. 언제 **국수 먹여 줄** 거예요?

나 : 5월에요.

가 : 벌써 결혼 날짜 잡은 거예요?

나 : 네. 얼마 전에 상견례도 했어요.

4)

가 : 미역국 먹었어요?

나 : 어머, 어떻게 아셨어요?

가 : 달력에 **'귀 빠진 날'** 이라고 써 놓은 걸
　　우연히 봤어요. 점심에 약속 없으면 내가 밥
　　살게요.

나 : 고맙습니다.

---

1) 제 눈에 안경이다 : 남의 눈에는 좋아 보이지 않지만 자기에게만 좋아 보인다.

2) 바람 맞다 : 약속한 사람이 약속을 지키지 않았다.

3) 국수 먹다 : 결혼을 하다.

4) 귀 빠지다 : 태어나다.

문법–부정·전부·차선·시기·경과

❖ 문법알기

부정	- 기는(요)	가 : 노래를 정말 잘하시네요. 나 : **잘하기는요**. 그냥 조금 할 줄 아는 정도예요.
	-은/는커녕	가 : 오토바이 탈 줄 아세요? 나 : **오토바이는커녕** 자전거도 못 타요.
	아무 -도	너무 배가 불러서 **아무 것도 먹고 싶지 않았다**.
전체 긍정	-(이)나 -(이)나 할 것 없이	요새는 **남자나 여자나 할 것 없이** 모두 건강에 관심이 많다.
	-치고(는)	한국 **사람치고** 김치를 싫어하는 사람은 없다.
	아무 -나	제 도움이 필요하면 **아무 때나** 연락 주세요.
차선	-(이)나	시간이 없으니까 **라면이나** 먹는 게 어떨까요?
	-(이)나마	오래 이야기할 수는 없었지만 **얼굴이나마** 볼 수 있어서 다행이었다.
시기	-는 동안/사이(에)	제가 게임을 **하는 사이에** 친구가 다녀갔네요.
	-는 중에	**운전하는 중에는** 휴대 전화를 사용하지 마세요.
경과	-(으)ㄴ 지 (기간)이 되다	벌써 한국에 **온 지** 6개월이 됐네요.
	-만에	고등학교 친구를 **3년 만에** 다시 만났다.

◈ 부정

01 -기는(요) ★★★

상대방의 말을 부정할 때 사용하며 때로 칭찬에 대해 겸손하게 대답할 때도 사용한다.

가 : 이 영화 재미있었지요?
나 : **재미있기는요**. 저는 영화를 보면서 계속 하품만 했는데요.

가 : 너무 착하신 것 같아요.
나 : **착하기는요**. 당연히 해야 할 일을 했을 뿐인데요.

가 : 저녁은 드셨어요?
나 : **저녁은요**. 너무 바빠서 점심도 못 먹었어요.

02 –은/는커녕 ★★★

질문에 대한 부정 표현으로 뒤의 내용과 같은 상황이기 때문에 당연히 앞의 내용은 불가능하다는 것을 나타낸다.

가 : 여행은 잘 다녀오셨어요?
나 : **여행은커녕** 아파서 집에 누워만 있었어요.

가 : 과제는 끝내셨어요?
나 : **끝내기는커녕** 아직 시작도 못 했어요.

03 아무 –도

어떤 것도 선택하지 않음을 나타낸다.

그 사실은 **아무도** 모른다.
주말에 **아무 데도** 가지 않고 방에만 있었다.
때로는 **아무 것도** 안 하고 쉬고 싶을 때가 있다.
이번 주말에는 **아무 약속도** 없어요.

◈ 전체 긍정

04 –(이)나 –(이)나 할 것 없이

나열한 대상 모두를 나타낸다.

요새는 **주말이나 주중이나 할 것 없이** 늘 길이 막힌다.
그 아이는 **고기나 채소나 할 것 없이** 다 잘 먹는다.
남자, 여자 할 것 없이 모두 한 마음으로 우리 팀을 응원했다.
남녀노소 할 것 없이 모두 좋아하는 가수를 국민가수라고 한다.

05 –치고(는) ★★★

어떤 대상의 공통적인 특징을 나타낸다. 또, 어떤 것이 그 부류가 갖는 일반적인 특징과 다를 때도 사용한다.

한국 사람치고 세종대왕을 모르는 사람은 없습니다.
담배치고 건강에 해롭지 않은 것은 없다.

그 사람은 농구 선수치고는 키가 좀 작아요.
오늘은 주말치고는 거리에 사람이 별로 없네요.

> *사탕치고 모두 달아요.
> → 부정문으로 끝나야 한다.

06 아무 -나

어떤 것을 선택해도 괜찮음을 나타낸다.

배가 고프니까 먹을 게 있으면 **아무거나** 주세요.
너와 함께라면 **아무 데나** 가도 좋아.
그는 **아무 데서나** 잘 잔다.
내 친구는 **아무에게나** 인사를 잘한다.

> 도서관에는 **아무나** 들어갈 수 없다.
> → 부정문에 쓰일 때는 어떤 것은 괜찮으나 어떤 것은 안 됨을 나타낸다.

◈ 차선

07 -(이)나　★★★

만족할 만한 것은 아니지만 괜찮은 정도의 선택임을 나타낸다.

시간이 없으니까 점심 대신에 **차나** 마십시다.
시간이 좀 있으니까 **영화나** 볼까요?
노트북은 안 빌려 줘도 되니까 **책이나** 좀 빌려 주세요.
오늘은 돈이 없으니까 그냥 **구경이나** 합시다.

08 -(이)나마

만족스럽지는 않지만 그래도 다행이라는 것을 나타낸다.

잠깐이나마 이야기할 수 있어서 너무 좋았다.
기차는 놓쳤지만 **버스나마** 탈 수 있었으니 다행이네요.
늦게나마 자신의 잘못을 반성하니 잘 됐다.
출국하기 전에 **전화로나마** 인사드릴 수 있어서 다행이에요.

◈ 시기

09 -(으)ㄴ/는 동안/사이(에)

"어떤 동작을 하거나 상태가 계속되는 중에"의 의미를 나타낸다.

잠을 자는 사이에 눈이 내렸네요.
청소를 하는 동안 친구가 음식을 준비할 거예요.
잠깐 전화를 받는 사이에 누가 내 가방을 가져갔다.
못 본 사이에 많이 예뻐졌네요.

10 –는 중에

어떤 동작이 진행되고 있음을 나타낸다.

컴퓨터로 **보고서를 쓰는 중에** 갑자기 정전이 됐다.
선생님과 이야기를 하는 중에 좋은 생각이 났다.
여행 중에 많은 사람을 만났어요.
지금 과장님은 **회의하시는 중이니까** 조금만 기다려 주십시오.

◈ 경과

11 –(으)ㄴ 지 (기간)이 되다 ★ ★ ★

어떤 동작을 한 후 지금까지 시간이 얼마나 지났는지를 나타낸다.

한국어를 공부한 지 벌써 1년이나 됐네요.
고향에 다녀온 지 얼마나 됐어요?
머리를 깎은 지 얼마 안 됐어요.
영화를 본 지 한참 돼서 무슨 내용인지도 기억나지 않아요.

12 – 만에

어떤 동작을 다시 하거나 어떤 동작 후에 다른 동작이 일어날 때까지의 시간을 나타낸다.

1년 만에 다시 만난 친구들이 무척 반가웠다.
10년 만에 큰 눈이 내려 시민들이 불편을 겪고 있습니다.
한국어를 공부한 지 6개월 만에 토픽 4급에 합격했다.
두 사람은 **결혼한 지 10년 만에** 첫아이를 낳았다.

“–(이)라도”와 “–(이)나마”

* “–(이)라도”와 “–(이)나마”는 두 표현은 어떤 선택이나 그 상황이 가장 좋은 것이 아니라는 의미를 지닌다. “–(이)라도”는 그 선택이 차선이라는 의미가 강하고 “–(이)나마”는 그 상황이 가장 바람직한 것은 아니지만 어느 정도 괜찮거나 다행이라는 의미를 나타낸다.

> 밥이 되려면 시간이 좀 걸리는데 시장하시면 먼저 **빵이라도** 드세요.
> 도장이 없으시면 **서명이라도** 괜찮습니다.
> 좌석이 없으면 **입석이라도** 사려고 합니다.

> 만나지는 못하지만 이렇게 **전화로나마** 안부를 물을 수 있으니 좋네요.
> 작은 **창문이나마** 있어서 가끔 환기도 하고 바깥 풍경을 보기도 합니다.
> 표가 없어 고향에도 못 가는 줄 알았는데 **입석이나마** 구할 수 있어서 다행이다.

* **양보를 나타내는 경우 두 표현은 거의 의미 차이가 없다.**

> **잠깐이라도** 친구를 만나는 게 좋을 것 같다.
> **잠깐이나마** 친구를 만나는 게 좋을 것 같다.

> **이제라도** 친구와 쌓인 오해를 풀 수 있어서 다행이다.
> **이제나마** 친구와 쌓인 오해를 풀 수 있어서 다행이다.

> **조금이라도** 도움이 되었으면 좋겠습니다.
> **조금이나마** 도움이 되었으면 좋겠습니다.

* **가벼운 제안을 나타낼 때는 “–(이)나마”보다는 “–(이)라도”를 사용하는 경우가 일반적이다.**

> 언제 시간이 나면 **차라도** 한 잔 해요.
> 집에만 있기 심심한데 **산책이라도** 할까요?

＊＊ "–(이)라도"는 의문사와 결합해 어떤 것도 상관이 없음을 나타낼 수 있지만 "–(이)나마"는 그
럴 수 없다.

> **언제라도** 좋으니까 꼭 연락해 주세요.
> ***언제나마** 좋으니까 꼭 연락해 주세요.

> 한국어를 잘하는 사람이라면 **누구라도** 지원할 수 있습니다.
> *한국어를 잘하는 사람이라면 **누구나마** 지원할 수 있습니다.

1~2   다음 그림을 보고 제시된 문법을 이용해서 문장을 만드십시오.

1.

-은/는커녕

2.

-치고(는)

3~5   제시된 문법을 이용해서 밑줄 친 부분을 바꾸십시오.

-기는(요)

3. 가 : 김치가 별로 맵지 않지요?

나 : <u>아니요</u>. 저는 너무 매워서 계속 물을 마셨어요.

-이나

4. 시간이 없으니까 <u>라면을 먹읍시다</u>.

-(으)ㄴ 지 (기간) 이 되다

5. 부모님께 <u>1주일 전에 전화 드렸다</u>.

 다음 〈보기〉의 문법을 이용해서 문장을 완성하십시오.

보기　　　-기는(요)　　　-은/는커녕　　　-치고(는)　　　-(이)나　　　-(으)ㄴ 지 (기간)이/가 되다

---

6. 심심한데 ＿＿＿＿＿＿＿＿＿＿＿ 봅시다. (영화)

7. 이 차는 싸게 산 ＿＿＿＿＿＿＿＿＿＿ 성능이 아주 좋아요. (차)

8. 그 사람이 한국어를 ＿＿＿＿＿＿＿＿＿＿. 솔직히 발음도 별로잖아요. (잘하다)

9. 이 회사에 ＿＿＿＿＿＿＿＿＿＿ 벌써 20년이나 되었어요. (다니다)

10. 저는 지금 ＿＿＿＿＿＿＿＿＿＿ 천 원도 없어요. (만원)

 다음 밑줄 친 부분 중 틀린 것을 찾아 바르게 고쳐 쓰십시오.

11.

> 지방의 작은 도시로 이사 ①오는 지 벌써 십 년이 넘었다. 이곳의 조용한 생활과 부드러운 바람에 익숙해져 ②있던 나는 얼마 전 서울에 ③갔다가 아주 당황했다. 복잡한 교통과 사람들로 가득 ④찬 도시가 답답하고 낯설게 느껴졌기 때문이다.

➥ (　　　　　　　　　　　　　　　　　　　　　　　　　　　　　)

 다음 대화를 완성하십시오.

12. 가 : 얼굴이 참 고우시네요.

　　나 : 곱기는요. ＿＿＿＿＿＿＿＿＿＿＿＿＿＿＿＿＿＿＿＿＿＿＿.

13. 가 : 이곳은 안전한 것 같아요.

　　나 : 아니에요. 안전하기는커녕 ＿＿＿＿＿＿＿＿＿＿＿＿＿＿＿＿＿.

14. 가 : 정 과장님은 영어 발음이 참 좋으신 것 같아요.

　　나 : 맞아요. 한국 사람치고는 ＿＿＿＿＿＿＿＿＿＿＿＿＿＿＿＿＿.

15. 가 : 부모님을 못 만난 지 얼마나 됐어요?

　　나 : ＿＿＿＿＿＿＿＿＿＿＿＿＿＿＿＿＿＿＿＿＿＿＿＿＿＿＿＿＿.

1~3 다음 (   )에 알맞은 것을 고르십시오.

1.

> 가 : 축구를 정말 잘하시네요.
> 나 : (   ). 어렸을 때 잠깐 배웠을 뿐인데요.

① 잘하거든요 ② 잘하기는요

③ 잘하는데요 ④ 잘하려고 해요

2.

> 가 : 전시회 준비하느라고 고생이 많았겠군요.
> 나 : 네. (   ) 준비했는데, 좋은 결과가 있었으면 좋겠어요.

① 한 달마다 ② 한 달조차

③ 한 달이나 ④ 한 달이나마

3.

> 그 사람은 (   ) 매운 음식을 잘 먹어요.

① 외국 사람까지 ② 외국 사람조차

③ 외국 사람은커녕 ④ 외국 사람치고는

4~5 다음 밑줄 친 부분이 틀린 것을 고르십시오.

4. ① 돈도 없는데 <u>우유나</u> 마시려고요.

② <u>부모치고</u> 자기 아이에게 관심이 없는 사람이 어디 있어요?

③ 늘 작은 역할만 했던 배우라서 아무도 그의 <u>이름은커녕</u> 몰랐다.

④ 회의 시작 시간이 <u>10분밖에</u> 안 남았는데 급하니까 택시를 탈까요?

5. ① 어머니께 <u>한 달 만에</u> 전화드렸어요.

② 이 도서관은 <u>아무나</u> 들어올 수 있어요.

③ <u>라면이나마</u> 먹을 수 있어서 다행이에요.

④ 미나 씨, 처음하는 <u>일치고는</u> 정말 못하네요.

  다음 밑줄 친 부분과 바꾸어 쓸 수 있는 것을 고르십시오.

6.

> 가 : 여보, 이번에 받은 특별 상여금을 어디에다 쓰지요?
>
> 나 : 그 돈은 <u>없다고 생각하고</u> 마실 물도 없어서 괴로워하는 아프리카 아이들을 돕는 게 어떨까요?

① 없기만 해도   ② 없는 셈치고

③ 없을 뿐더러   ④ 없다면 몰라도

7.

> 가 : 하와이에 가 보셨어요?
>
> 나 : 아니요, <u>하와이는커녕</u> 제주도에도 못 가 봤어요.

① 하와이는 갔지만   ② 하와이라고 해도

③ 하와이는 제외하고   ④ 하와이는 말할 것도 없고

8.

> 가 : 민수 씨, 돈 있으면 만 원만 빌려줄 수 있어요?
>
> 나 : <u>만 원은 고사하고</u> 천 원도 없어요.

① 만 원은커녕   ② 만 원만큼은

③ 만 원은 있지만   ④ 만 원이 있더라도

9.

> <u>운전하는 중에</u> 통화를 하면 위험합니다.

① 운전하면서   ② 운전하도록

③ 운전하다가는   ④ 운전할까 말까

  다음을 읽고 (　　　)에 알맞은 것을 고르십시오.

10.

> 가 : 웬 초콜릿이에요?
>
> 나 : 오늘이 여자 친구 생일이라서 선물로 주려고요. 처음 만들어 봤는데 생각보다 쉽던데요.
>
> 가 : 처음인데 이렇게 잘 만들었다고요? 처음 (　　　　) 정말 대단한데요. 이렇게 정성이 들어간 선물을 받으면 여자 친구가 엄청 좋아할 것 같아요.

① 만들든지   ② 만들지도 몰라서

③ 만든 것치고는   ④ 만든 것으로 인해

 다음 (   )에 알맞은 것을 고르십시오.

1.

한국어를 (   ) 1년밖에 안 됐는데 한국어 실력이 꽤 좋다.

① 배운들
② 배운 지
③ 배우는 대로
④ 배운 것치고는

2.

술에 취해서 어제 있었던 일은 (   ) 기억나지 않는다.

① 아무것도
② 아무거나
③ 아무에게도
④ 아무에게나

3.

비행기 출발 시간 때문에 길게 이야기를 나누지는 못했으나 (   ) 볼 수 있어서 참 좋았다

① 얼굴만큼
② 얼굴까지
③ 얼굴이나마
④ 얼굴이야말로

4.

이 드라마는 남녀노소 (   ) 모두에게 큰 인기를 끌고 있다.

① 하다시피
② 하는 통에
③ 할 것 없이
④ 하는 걸 보니까

5.

시간이 오래 걸릴 줄 알았던 졸업식이 시작한 지 (   ) 끝났다.

① 30분처럼
② 30분이나
③ 30분 만에
④ 30분 동안

 다음 밑줄 친 부분이 틀린 것을 고르십시오.

6. ① 이 이야기는 <u>아무에게도</u> 말하면 안 돼요.

② 취업을 하고 <u>4년 만에</u> 과장으로 승진하였다.

③ 이 볼펜은 값이 <u>싼 것치고는</u> 품질이 상당히 좋다.

④ <u>한국에 온 지</u> 한국 사람처럼 김치를 잘 먹게 되었다.

7. ① <u>수업 시간 중에는</u> 휴대전화를 꺼 두시기 바랍니다.

② 어린 아이들에게는 <u>아무 음식이나</u> 먹이면 안 됩니다.

③ <u>한국 사람치고</u> 한글을 만든 세종대왕을 모두 존경한다.

④ 이 길은 <u>아침이나 낮이나 할 것 없이</u> 막히지 않을 때가 없다.

8.
> 회사 사정이 안 좋아 당분간은 <u>보너스는커녕</u> 월급도 받지 못할 것 같다.

① 보너스라고 쳐도 　　　　　　② 보너스라면 모를까

③ 보너스에도 불구하고 　　　　④ 보너스는 말할 것도 없고

9.
> 이 자동차는 <u>성능이 우수한 차치고는</u> 별로 인기를 얻지 못했다.

① 좋은 성능에 비해 　　　　　　② 좋은 성능 대신에

③ 성능이 좋은 데다가 　　　　　④ 성능이 좋았으니만큼

10.
> 그냥 방에 있기에는 날씨가 좋은데 우리 <u>산책이나</u> 할까?

① 산책은커녕 　　　　　　　　　② 산책이라도

③ 산책에다가 　　　　　　　　　④ 산책치고는

CHAPTER **11**

어휘 ▶▶ 부사 3

문법 ▶▶ 반복 · 진행 · 명사절 · 기타1

01 –고는(곤) 하다

02 –아/어 대다

03 –다가 보면/보니까

04 –(으)ㄴ/는/(으)ㄹ지

05 –(으)ㄹ 줄 알다/모르다

06 –만 하다/못하다

07 –(으)ㄴ/는 척/체 하다

08 –(으)ㄹ 뻔하다

09 –지 그래요?

10 –기 십상이다

11 –(으)ㄴ/는 셈치다

12 –다고 치다

어휘-부사 3

❖ 어휘알기

각자	같이 살기는 하는데 밥은 **각자** 먹는다.
특히	운동 중에서 **특히** 농구를 좋아한다.
설마	**설마** 오늘도 지각하는 건 아니겠지?
더욱	그 옷을 입으니까 **더욱** 날씬해 보인다.
훨씬	어제보다 오늘이 **훨씬** 더운 것 같다.
대부분	우리 학교 유학생은 **대부분** 중국 사람이다.
가끔	나는 **가끔** 혼자 여행을 한다.
내내	너무 피곤해서 수업 시간 **내내** 졸았다.
미리	주말에 쉬려고 숙제를 **미리** 해 놓았다.
아직	드라마를 보느라고 숙제를 **아직** 못했다.
절대로	이 이야기를 **절대로** 다른 사람에게 하면 안 된다.
간신히	시험에 **간신히** 합격했다.
반드시	약속을 했으면 **반드시** 지켜야 한다.
제대로	시간이 없어서 밥을 **제대로** 못 먹었다.
도대체	그 사람의 말을 **도대체** 이해할 수 없다.

연습1

※ 다음 (   )에 들어갈 단어를 〈보기〉에서 골라 문장을 완성하십시오.

보기	특히　　설마　　대부분　　가끔　　아직　　제대로

1) (   ) 내일 체육대회가 취소되는 것은 아니겠지요?

2) 친구를 만나기 위해서 (   ) 부산에 간다.

3) 감기가 심해서 목소리가 (   ) 나오지 않는다.

4) 방학이 시작되려면 (   ) 3주나 남았다.

5) 이번 토픽 시험에 응시한 학생들 (   ) 합격했다.

6) 평소에도 길이 막히지만 출퇴근 시간이 되면 (   ) 심하다.

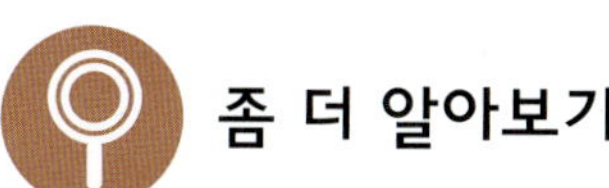

좀 더 알아보기

◇ **유의어**

- 방을 **각자** 사용한다 - **따로**
- 이번 시험이 **훨씬** 어렵다 - **더**
- **대부분** 집에 돌아갔다 - **거의**
- **가끔** 영화관에 간다 - **이따금**
- 주말 **내내** 비가 왔다 - **계속**

- **미리** 계획을 세웠다 - **먼저**
- **간신히** 도착했다 - **겨우**
- **반드시** 합격해야 한다 - **꼭**
- **제대로** 앉으세요 - **똑바로**
- **도대체** 알 수가 없다 - **도무지**

◇ **다의어 및 동음이의어**

타다	시내에 가려고 **지하철을 탔다**. 햇빛에 **얼굴이** 까맣게 탔다. **음식이** 다 **타서** 못 먹게 되었다. 처음으로 **스케이트를 타면** 넘어지기 마련이다. 첫 **월급을 타서** 부모님께 선물을 사 드렸다.

구하다	물에 빠진 사람의 **목숨을 구했다**. 불경기로 인해 **일자리 구하기**가 어렵다. 홍수로 피해를 입은 **수재민을 구하기** 위해 모금했다. 결혼 문제에 대해 **조언을 구하려고** 선배를 만났다.

연습2

※ 다음 (   )에 들어갈 단어를 〈보기〉에서 골라 문장을 완성하십시오.

> **보기**   타다   먼저   이따금   구하다   도무지   겨우

1) 잠깐 통화하는 사이에 음식이 시커멓게 (   ) 못 먹게 되었다.
2) 국제결혼을 반대하시는 부모님을 (   ) 설득해서 내년에 결혼식을 올리게 되었다.
3) 우리 선생님은 날씨가 좋으면 (   ) 야외수업을 하기도 한다.
4) 전셋값 상승으로 인하여 서민들은 집을 (   ) 더 어려워지고 있다.

1~3 다음 (   )에 알맞은 것을 고르십시오.

1. 시험에 합격하기 위해서는 (   ) 열심히 노력해야 한다.
　① 더욱　　　　② 설마　　　　③ 결코　　　　④ 그대로

2. 좋은 건지 싫은 건지 얼굴 표정을 보고는 (   ) 알 수가 없었다.
　① 혹시　　　　② 스스로　　　　③ 도대체　　　　④ 뜻밖에

3. 내 동생이 저보다 키가 (   ) 커요.
　① 막　　　　② 훨씬　　　　③ 도무지　　　　④ 반드시

4~5 다음 밑줄 친 부분과 의미가 비슷한 것을 고르십시오.

4. 여행 갈 장소의 날씨를 <u>미리</u> 알아 두어야 한다.
　① 비록　　　　② 거의　　　　③ 먼저　　　　④ 어쩐지

5. 기말고사에서 <u>간신히</u> 60점을 받았다.
　① 겨우　　　　② 마치　　　　③ 마침내　　　　④ 서서히

6~7 다음 밑줄 친 부분과 의미가 반대인 것을 고르십시오.

6. 일이 많아서 책을 <u>아직</u> 다 못 읽었어요.
　① 차츰　　　　② 전혀　　　　③ 벌써　　　　④ 더구나

7. 우리는 한 집에서 살지만 밥은 <u>각자</u> 먹는다.
　① 따로　　　　② 과연　　　　③ 끝내　　　　④ 함께

8 다음 밑줄 친 부분이 틀린 것을 고르십시오.

8. ① 고민이 많아서 잠을 <u>제대로</u> 잤다.
　② 이 노래를 듣는 <u>내내</u> 그 사람 생각이 났다.
　③ 이 수업 시간에는 <u>절대로</u> 늦으면 안 된다.
　④ 오늘 배운 내용은 <u>반드시</u> 복습을 해야 한다.

 속담 및 관용표현

1)

가 : 주말에 뭐 할 거예요?

나 : 이번 주말에는 음식 준비하느라 정신 없을
거예요. 남편 생일이라서 사람들을 집으로
초대했거든요.

가 : 혹시 **손이 모자라거든** 저를 부르세요.
제가 도와 드릴게요.

2)

가 : 아버지, 자동차 사주시려면 빨간색 스포츠카로
부탁해요

나 : 내가 언제 자동차 사 준다고 했니?

가 : 지난번에 차 필요하냐고 물어보셨잖아요!

나 : 필요하냐고 했지 사 준다고 한 것은 아니잖아.
떡 줄 사람은 생각도 않는데 김칫국부터 마신다
더니…….

3)

가 : 올해 하반기에 실적이 안 좋은 부서는
인원 감축한다는 이야기 들었어요?

나 : 네. 그래서 우리 부서 사람들은 모두 해고
대상자가 될까 봐 **간이 콩알만 해졌어요.**

4)

가 : 나도 결혼하고 싶다.

나 : 하면 되잖아.

가 : 결혼을 혼자 하니? 남자가 있어야지.

나 : **짚신도 짝이 있다고** 언젠가는 나타날 거야.

---

1) 손이 모자라다 : 일할 사람이 부족하다.

2) 떡 줄 사람은 생각도 않는데 김칫국부터 마신다 : 해 줄 사람은 생각도 안 하는데 미리 기대한다.

3) 간이 콩알만 해지다 : 아주 무섭거나 두려움을 느끼다.

4) 짚신도 짝이 있다 : 부족하거나 모자란 사람이라도 제 짝이 있다.

문법–반복 · 진행 · 명사절 · 기타1

❖ 문법알기

반복 진행	-고는(곤) 하다	우울할 때면 혼자 방 안에서 음악을 **듣고는 합니다**.
	-아/어 대다	친구는 화가 나서 그런지 아무 말도 하지 않고 음식만 **먹어 댔다**.
	-다가 보면/보니까	일에 **집중하다가 보면** 누가 부르는 소리도 듣지 못할 때가 있다.
명사절	-(으)ㄴ/는/(으)ㄹ지	어제 몇 시에 **잤는지** 모르겠다.
	-(으)ㄹ 줄 알다/모르다	비가 이렇게 많이 **올 줄은 몰랐어요**.
기타	-만 하다/못하다	아무리 좋은 곳이라도 **집만 한 곳은 없다**.
	-(으)ㄴ/는 척/체하다	친구는 다 알면서도 끝까지 **모르는 척했다**.
	-(으)ㄹ 뻔하다	버스를 놓쳐서 약속 시간에 **늦을 뻔했다**.
	-지 그래요?	날씨가 추우니까 옷을 따뜻하게 **입지 그래요?**
	-기 십상이다	일을 할 때 서두르다가는 **실수하기 십상이다**.
	-(으)ㄴ/는 셈치다	친구에게 빌려 준 돈은 그냥 **준 셈 치고** 잊어버렸다.
	-다고 치다	이번 일은 안 좋은 기억이지만 그냥 좋은 경험 **했다고 칩시다**.

◈ 반복 · 진행

01 -고는/곤 하다 ★★★

어떤 동작을 불규칙적으로 반복함을 나타낸다.

주말마다 친구들과 **삼겹살을 먹으러 나가고는 합니다**.
어렸을 때는 방학이 되면 **친척 집에 놀러가곤 했어요**.
스트레스가 쌓이면 **아무 생각 없이 달리곤 합니다**.
주말에는 **늦잠을 자곤 해요**.
아버지는 술을 드시면 **노래를 부르시곤 하셨습니다**.

02 -아/어 대다

어떤 동작을 심하게 반복해서 함을 나타내며 부정적인 느낌을 준다.

뭐가 마음에 안 드는지 **불평만 해 댔다.**
그는 모기에 물린 곳을 **계속 긁어 댔다.**
실수 한 번 했다고 틈만 나면 **놀려 댄다.**
담배만 피워 대지 말고 무슨 말 좀 해 보세요.

03 -다(가) 보면/보니(까)

앞 문장과 같은 동작을 하는 중에 뒤 문장과 같이 어떤 것을 알게 되거나 어떤 상태가 됨을 나타낸다.

책을 여러 번 읽다 보면 자연스럽게 그 의미를 이해할 수 있어요.
자꾸 만나다 보면 그 사람이 어떤 사람인지 알게 될 거예요.
놀다가 보니 시간이 이렇게 늦었는지도 몰랐다.
한국에 오래 살다 보니 이제 한국 음식 없이는 못 살겠어요.

◈ 명사절

04 -(으)ㄴ/는/(으)ㄹ지　★★★

문장에 붙어 그 문장이 명사와 같은 역할을 하게 만든다.

다 비슷해서 **뭐가 제일 좋은지** 잘 모르겠다.
실례지만 **우송대학교에 어떻게 가는지** 아세요?
그 사람을 만난 적은 있는데 **언제 만났었는지** 잘 기억나지 않아요.
이번 학기 선생님이 누구인지 궁금하다.
그가 어떤 결정을 내릴지 모르겠다.

05 -(으)ㄹ 줄 알다/모르다　★★★

어떤 상황이 기대나 예상과 같거나 다름을 나타낸다.

그 사람이 **저보다 나이가 많은 줄 몰랐어요.**
이번에는 **우리가 이길 줄 알았는데** 또 지고 말았네요.
친구가 올 줄 알았더라면 청소를 미리 해 놓았을 텐데.
한국어가 이렇게 **재미있는 줄 몰랐어요.**
이렇게 **재미있는 줄 알았으면** 친구도 데려 왔을 거예요.

◈ 기타 1

06 –만 하다/못하다

어떤 대상을 다른 것과 비교함을 나타낸다.

피곤하거나 스트레스를 받을 때는 **잠만 한 것**이 없다.
사람을 감동시키는 데는 **진심만 한** 것이 없다.
이번 앨범의 노래는 **저번만 못하다.**
호텔 음식이 아무리 맛있다고 해도 **어머니가 해 주신 음식만 못하다.**

07 –(으)ㄴ/는 척/체하다

사실은 그렇지 않지만 그런 것처럼 행동한다는 것을 나타낸다.

다 알면서 끝까지 **모르는 체했다.**
속으로는 기뻤지만 **별로 안 좋은 척했다.**
친구는 나랑 싸운 이후로는 **아는 척조차 하지** 않았다.
친구는 **밥을 먹은 체했지만** 배에서는 계속 소리가 났다.

08 –(으)ㄹ 뻔하다 ★ ★ ★

어떤 일이 거의 발생하려고 했으나 결국에는 그러지 않았음을 나타내며 때로는 어떤 상황을 강
조할 때 사용한다.

학교에 뛰어오다가 **넘어질 뻔했어요.**
10분만 늦게 도착했으면 **비행기를 놓칠 뻔했다.**
성적이 조금만 좋았으면 **장학금을 받을 뻔했는데** 아쉬워요.
네가 전화해 주지 않았으면 **약속을 잊어버릴 뻔했어.**
숙제를 다 하느라고 힘들어서 **죽을 뻔했어요.**

09 –지 그래(요)?

듣는 사람에게 어떤 동작을 할 것을 권유하거나 명령함을 나타낸다.

안색이 안 좋은데 **오늘은 좀 쉬지 그래요?**
친구에게 **먼저 사과하지 그래요?**
도움이 필요하면 **내게 말하지 그랬어요?**

10 –기 십상이다

어떤 상황이 되거나 그럴 가능성이 높다는 것을 나타낸다.

누구나 술에 취하면 **실수하기 십상이다**.
계단에서 넘어지면 **크게 다치기 십상이니** 조심하시기 바랍니다.
선생님들이 수업 시간에 강조한 것은 **시험에 나오기 십상이니** 꼭 기억해 두십시오.

11 –(으)ㄴ/는 셈치다 ★★★

실제로는 그렇지 않지만 어떤 상황이라고 생각함을 나타낸다.

아파서 입원한 거지만 **그냥 쉬는 셈 칠래요**.
이번에는 못 **본 셈 칠 테니까** 다시는 그러지 마세요.
이번 시험은 그냥 **연습하는 셈 치고** 편하게 보세요.
선물은 그냥 **받은 셈 치고** 마음만 받겠습니다.
잃어버린 지갑은 그냥 **없던 셈 치고** 잊어버렸다.

12 –다고 치다

어떤 상황이라고 가정하거나 인정함을 나타낸다.

저를 친구라고 치고 편하게 이야기해 보세요.
운동한다고 치고 그냥 걸어갑시다.
네가 이겼다고 칠 테니까 이제 그만 하자.
이번 일은 내가 잘못했다고 쳐도 그렇게 말하면 안 되지요.

 ## 좀 더 알아보기

* "–(으)ㄴ/는/(으)ㄹ지"는 주로 의문문의 문장 끝에 붙어 그 문장이 명사와 같은 역할을 하게 해 준다. 아래 문장을 예로 들면 '가르치다'는 타동사이기 때문에 앞에 목적어를 필요로 한다. 그런데 목적어 자리에 있는 것은 명사가 아닌 문장이다. 따라서 "–(으)ㄴ/는/(으)ㄹ지" 이 문장이 명사와 같은 역할을 한다.

> 행사가 몇 시에 시작해요? 좀 가르쳐 주세요.
>
> 행사가 **몇 시에 시작하는지**(를) 좀 가르쳐 주세요.

> 어제 몇 시에 잤을까? 기억나지 않는다.
>
> **어제 몇 시에 잤는지** 기억나지 않는다.

> 어떤 식당이 좋아요? 잘 몰라요.
>
> **어떤 식당이 좋은지** 잘 몰라요.

* **형용사 현재인 경우 "–(으)ㄴ지"를 사용한다.**

> **뭐가 필요한지** 말하면 제가 사 갈게요.
>
> 오늘 여기에 사람이 **왜 이렇게 많은지** 아세요?

* **명사 현재인 경우 "–(이)ㄴ지"를 사용한다.**

> 자기소개서는 자신이 **어떤 사람인지를** 간단하면서도 분명하게 표현할 수 있어야 한다.
>
> 중국에서 **가 봐야 하는 곳이 어딘지** 좀 말씀해 주세요.

* **그 내용이 미래인 경우 "–(으)ㄹ지"를 사용한다.**

> 이번 경기는 **누가 이길지** 도무지 예측할 수 없다.
>
> 숙제 분량이 많아 **언제쯤 다 할 수 있을지** 모르겠다.

✳ 위의 세 경우가 아닌 경우에는 "–는지"를 사용한다.

> 결혼은 **언제 하는지**가 아니라 어떤 사람과 하는지가 중요합니다.
>
> 사과를 하기 전에 먼저 **자신이 무엇을 잘못했는지**를 알아야 한다.
>
> 어제 본 공연에서 특히 **뭐가 좋았었는지**를 발표해 봅시다.

1~3 다음 그림을 보고 제시된 문법을 이용해서 문장을 만드십시오.

1.

-(으)ㄹ 뻔하다

⇨

2.

-고는(곤) 하다

⇨

3.

-(으)ㄹ 줄 알다/ 모르다

⇨

4 제시된 문법을 이용해서 문장을 바꾸십시오.

－(으)ㄴ/는 셈 치다

4. 이 돈은 그냥 없다고 생각하고 부모님 여행을 보내드릴 계획입니다

⇨

5~6 제시된 문법을 이용해서 (   )에 알맞은 것을 쓰십시오.

－(으)ㄴ/는/(으)ㄹ 지

5. 첫 월급으로 부모님 선물을 사고 싶은데 무엇을 (   ) 모르겠어요.

6. 이 음식을 먹어 본 것 같긴 한데 언제 (   ) 기억이 안 나요.

 다음 〈보기〉의 문법을 이용해서 문장을 완성하십시오.

> 보기   -(으)ㄹ 뻔하다 -(으)ㄴ 셈치다   곤 하다 -(으)ㄴ/는/(으)ㄹ 지 -(으)ㄹ 줄 알다/모르다

7. 저 커피숍에서 가끔 친구를 ________________ . (만나다)

8. 철수 씨가 지금 어디에서 ________________ 잘 몰라요. (살다)

9. 그 영화가 너무 유명해서 ________________ 간신히 표를 구해서 볼 수 있었어요. (못 보다)

10. 졸업 후에 어디에서 ________________ 아직 결정하지 못했어요. (일하다)

11. 휴대전화를 아무리 찾아도 없어서 그냥 ________________ 새로 구입하려고요. (잃어버리다)

12~14 알맞은 표현을 고르십시오.

12. 가 : 그렇게 심한 말을 들었는데도 그 남자하고 계속 사귈 거야?

　　나 : 그 말은 안 들은 **(셈이고/ 셈 치고)** 그냥 만나려고 해.

13. 가 : 이번 일을 도와줘서 정말 고마워요. 대신 제가 저녁을 사겠습니다.

　　나 : 지난번에 밥을 사셨으니까 이미 먹은 **(셈입니다/ 셈 치겠습니다)**.

14. 가 : 민철 씨가 지금 어디에서 밥을 **(먹는지/ 먹을지)** 알아요?

　　나 : 기숙사 식당에서 먹고 있던데요.

15~20 다음 문장을 연결하십시오.

15. 그는 사실을 알면서도　　☐　　　☐ 가족사진을 보곤 합니다.

16. 너무 급하게 서두르다가는　　☐　　　☐ 이렇게 더울 줄 몰랐어요.

17. 가족이 그리울 때마다　　☐　　　☐ 끝까지 모른 체했다.

18. 한국 여름 날씨가　　☐　　　☐ 실수하기 십상이다

19. 아무리 맛있는 음식도　　☐　　　☐ 밥 먹는 것도 잊게 된다.

20. 일에 집중하다가 보면　　☐　　　☐ 어머니가 해 주신 것만 못하다.

1~3 다음 (　　)에 알맞은 것을 고르십시오.

1.

가 : 아까 운전하고 오다가 사고가 (　　　　).

나 : 정말 다행이네요. 다음부터는 더 조심해서 운전하세요.

① 나곤 했어요　　　　　　　② 날 뻔했어요

③ 날지도 몰라요　　　　　　④ 날 리가 없어요

2.

가 : 민정 씨에게 돈을 빌려줬다면서요?

나 : 네. 민정 씨가 너무 불쌍해서 그 돈은 (　　　　) 빌려줬어요.

① 없기까지　　　　　　　　② 없으려고

③ 없다 보니　　　　　　　　④ 없는 셈치고

3.

가 : 오늘 점심에 무엇을 (　　　　) 결정하셨어요?

나 : 글쎄요. 날씨가 추우니까 설렁탕이나 김치찌개를 먹으면 어떨까요?

① 먹을지　　　　　　　　　② 먹는지

③ 먹은지　　　　　　　　　④ 먹었는지

4~5 다음 밑줄 친 부분이 틀린 것을 고르십시오.

4. ① 그 노래를 슬플 때마다 <u>듣곤 했어요</u>.

② 저는 그 사람이 <u>선생님인 줄 몰랐어요</u>.

③ 점심을 <u>먹은 지</u> 오래되어서 배가 너무 고파요.

④ 우리는 일주일에 5일 정도는 만나니까 거의 매일 <u>만나는 셈칩니다</u>.

5. ① 하마터면 택시에 지갑을 놓고 <u>내릴 뻔했다</u>.

② 운전하면서 통화를 하면 <u>사고 나기 십상이다</u>.

③ 급하게 서두르다 보면 누구나 실수를 <u>하는 체한다</u>.

④ 오늘이 벌써 1월 29일이니 1월도 대부분 <u>지나간 셈이다</u>.

 다음 밑줄 친 부분과 바꾸어 쓸 수 있는 것을 고르십시오.

6.

> 어릴 때 어머니께서 비가 올 때마다 부침개를 <u>부쳐 주시곤</u> 했어요.

① 자주 부쳐 주셨어요　　　　　　② 부쳐 주신 모양이에요

③ 부쳐 주실 리가 없어요　　　　　④ 부쳐 주시기 마련이에요

7.

> 늦게 출발하는 바람에 비행기를 <u>놓칠락 말락 했지만</u> 다행히 탈 수 있었어요.

① 놓쳤지만　　　　　　　　　　　② 놓치기는커녕

③ 놓칠 뻔했지만　　　　　　　　　④ 놓치지 않았지만

8.

> 가 : 우리가 헤어진다고 치자. 나 없이 제대로 살 수 있니?
>
> 나 : 이 세상에 오빠가 <u>없다고 생각하고</u> 살면 돼.

① 없어봤자　　　　　　　　　　　② 없는 대신에

③ 없는 셈치고　　　　　　　　　　④ 없기는 하지만

9.

> 가 : 회사가 생각보다 크네요.
>
> 나 : 그러게요. 저는 회사가 <u>작을 줄 알았어요</u>.

① 작기는요　　　　　　　　　　　② 작을까 해요

③ 작으면 된다고 봐요　　　　　　④ 작으려니 생각했어요

 다음을 읽고 (　　　)에 알맞은 것을 고르십시오.

10.

> 가 : 그렇게 도서관에서 음식을 먹다가는 사람들에게 눈총받기 십상이에요.
>
> 나 : 그래요? 저는 도서관에서 음식을 (　　　　　　　　).
>
> 가 : 아니에요. 도서관은 어떤 음식물도 반입금지예요.

① 먹지 말걸 그랬어요　　　　　　② 먹어도 되는 줄 알았어요

③ 먹으면 안 되는 줄 알았어요　　④ 먹으려고도 하지 않았는데요

1~5 다음 ( )에 알맞은 것을 고르십시오.

1.

감기가 심한 것 같은데 참지 말고 병원에 (   )

① 간 셈 치세요.　　　　　　② 가 보지 그래요?

③ 가려고 했던가요?　　　　　④ 가 보려던 참이에요.

2.

그의 비난에 기분이 안 좋았지만 보는 사람들이 많아 (   ).

① 괜찮은 척했다　　　　　　② 괜찮은 편이다

③ 괜찮은 듯했다　　　　　　④ 괜찮은 법이다

3.

그는 무슨 걱정이 있는지 아까부터 계속 한숨만 (   ).

① 쉬기 쉽다　　　　　　　　② 쉬어 댔다

③ 쉰 탓이다　　　　　　　　④ 쉴 만하다

4.

재미있는 책을 (   ) 시간 가는 줄도 모를 때가 있다.

① 읽는 김에　　　　　　　　② 읽을 겸해서

③ 읽어 보더니　　　　　　　④ 읽다가 보면

5.

깊이 생각하지 않고 말부터 하다 보면 말실수를 (   ).

① 할 모양이다　　　　　　　② 할 지경이다

③ 하기 십상이다　　　　　　④ 하려던 참이다

6~7 다음 밑줄 친 부분이 틀린 것을 고르십시오.

6. ① 쓸데없는 걱정은 <u>안 하는 것만 못하다</u>.

② 고등학교에 다닐 때는 등산을 자주 <u>하곤 했다</u>.

③ 오랫동안 혼자 <u>살다 보니까</u> 요리를 잘하게 될 거예요.

④ 갑작스런 친구의 결혼 발표에 너무 놀라 <u>소리를 지를 뻔했다</u>.

7. ① 친구가 내일 몇 시에 <u>만나자고 할지</u> 기억이 나지 않는다.

② 그녀와 친구가 되기 전에는 이렇게 재미있는 <u>사람인 줄 몰랐다.</u>

③ 이 이야기는 <u>못 들은 셈 칠 테니까</u> 다시는 입 밖에 내지 마세요.

④ 친구가 준비한 김밥은 맛없었지만 정성을 생각해서 <u>맛있는 척했다.</u>

8.

> 인생을 살아가는 데 <u>긍정적인 사고보다 중요한</u> 게 뭐가 있겠어요?

① 긍정적이어야 하는 ② 긍정적인 사고만 한

③ 긍정적인 사고대로 되는 ④ 긍정적이라고 할 수 있는

9.

> 네가 늦게 와서 비행기를 <u>못 타는 줄 알았어.</u>

① 못 타려나 봐 ② 못 탈 뻔 했어

③ 못 탄 모양이야 ④ 못 탔을 뿐이야

10.

> 자, 내가 상대 <u>배우라고 치고</u> 다시 한번 대사를 연습해 봅시다.

① 배우라고 하면 ② 배우라고 해도

③ 배우라고 하고 ④ 배우라고 해서

CHAPTER 12

어휘 ▶▶ 동사 4

문법 ▶▶ 화제 전환 · 후회 · 기타 2

01 −기는 하지만

02 −(으)ㄴ/는 반면(에)

03 −(으)ㄴ/는 한편

04 −(으)ㄹ걸 그랬다

05 −았/었어야 했는데

06 −(으)로서

07 −에 대해(서)

08 −에 관해(서)

09 −을/를 통해(서)

10 −(으)면 −(으)ㄹ수록

11 −다시피

12 −는 데

어휘-동사 4

❖ 어휘알기

끊다	건강을 위해서 술과 담배를 **끊었다**.
챙기다	짐을 **챙겨서** 여행을 떠났다.
쓰러지다	그는 총을 맞고 **쓰러졌다**.
멈추다	아이가 울음을 **멈췄다**.
합치다	내 돈과 동생의 돈을 **합치니까** 목돈이 되었다.
붙이다	편지 봉투에 우표를 **붙였다**.
꺼내다	가방에서 책과 사전을 **꺼냈다**.
나타나다	갑자기 뒤에서 친구가 **나타났다**.
어울리다	흰 티셔츠에는 청바지가 잘 **어울린다**.
감소하다	20대에 결혼하는 사람이 **감소하고** 있다.
하락하다	지난해에 비해 과일 값이 많이 **하락했다**.
줄이다	바지가 너무 길어서 **줄여야** 한다.
지내다	나는 한국에서 잘 **지내고** 있다.
올리다	열심히 공부해서 성적을 **올렸다**.
뜨다	여름이 되면 해가 일찍 **뜬다**.

연습1

※ 다음 (   )에 들어갈 단어를 〈보기〉에서 골라 문장을 완성하십시오.

보기	챙기다　　쓰러지다　　붙이다　　꺼내다　　지내다　　뜨다

1) 계산하려고 바지 주머니에서 지갑을 (　　　　).

2) 여행 갈 때에는 비상약을 꼭 (　　　　).

3) 해가 (　　　　) 전에 이 일을 끝내야 한다.

4) 그는 회사를 그만두고 집에서 편하게 (　　　　) 있다.

5) 과로로 (　　　　) 병원에 실려 갔다.

6) 외우기 어려운 단어를 종이에 써서 벽에 (　　　　) 놓았다.

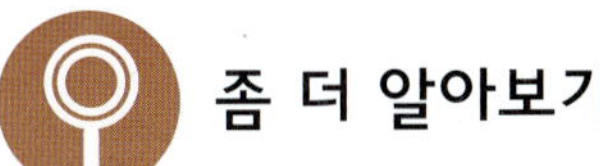

좀 더 알아보기

◇ 유의어

- 비가 **멈추다** - **멎다**
- 힘을 **합치다** - **모으다**
- 수출이 **감소하다** - **줄다**
- 가격이 **하락하다** - **떨어지다**
- 휴가를 **지내다** - **보내다**

◇ 반의어

- 우표를 **붙이다** - **떼다**
- 책을 **꺼내다** - **넣다**
- 목격자가 **나타나다** - **사라지다**
- 바지를 **줄이다** - **늘리다**
- 해가 **뜨다** - **지다**

◇ 다의어 및 동음이의어

내다	이번 학기 **등록금을 내러** 은행에 갔다.
	회사에 **휴가를 내고** 제주도로 여행을 갔다.
	그녀를 좋아한다고 온 동네에 **소문을 냈다.**
	요즘 그녀는 남편에게 자주 **화를 낸다.**
	회사를 홍보하기 우해서 신문에 **광고를 냈다.**

남기다	배가 불러서 다 먹지 못하고 **음식을 남겼다.**
	집에 아이들만 남기고 나와서 걱정이 된다.
	이번 여행은 우리에게 나쁜 **기억만 남겼다.**
	신제품 개발 성공으로 회사에 **이익을 많이 남겼다.**
	아버지는 돌아가시면서 우리 가족에게 **유산을 남기셨다.**

연습2

※ 다음 (   )에 들어갈 단어를 〈보기〉에서 골라 문장을 완성하십시오.

> **보기**   내다   남기다   보내다   모으다   사라지다   떼다

1) 거듭되는 사업 실패로 그는 가족들에게 빚만 (   ) 세상을 떠났다.

2) 월급을 받자마자 그동안 밀린 공과금을 (   ) 은행으로 갔다.

3) 암으로 투병 중인 김 씨는 지금 가족들과 (   ) 시간이 매우 소중하다고 했다.

4) 시험이 끝나면 책상 위에 붙어 있는 이름표는 꼭 (   ) 쓰레기통에 버려 주십시오.

1~3 다음 (   )에 알맞은 것을 고르십시오.

1. 20년 동안 커피를 마셨어요. 그래서 커피를 (   ) 어려워요.

① 섞기가　　　　② 끊기가　　　　③ 변하기가　　　　④ 따르기가

2. 폭우로 인한 피해가 점점 커지자 비가 (   ) 기다리는 사람이 많아졌다.

① 오기만을　　　　② 멈추기만을　　　　③ 내리기만을　　　　④ 나타나기만을

3. 나는 사교적인 성격이라서 처음 만나는 사람하고도 잘 (   ) 편이다.

① 지키는　　　　② 돌보는　　　　③ 어울리는　　　　④ 흔들리는

4~6 다음 밑줄 친 부분과 의미가 비슷한 것을 고르십시오.

4. 유가 인상으로 인해 자동차로 출퇴근하는 사람들이 감소했다.

① 퍼졌다　　　　② 줄었다　　　　③ 성장했다　　　　④ 드러냈다

5. 연봉을 올려 보려고 온갖 노력을 해 봤지만 소용없었다.

① 높여　　　　② 돌려　　　　③ 만져　　　　④ 낮춰

6. 태풍이 불어서 학교 앞에 서 있던 나무들이 모두 넘어졌다.

① 버려졌다　　　　② 남겨졌다　　　　③ 쓰러졌다　　　　④ 사라졌다

7~9 다음 밑줄 친 부분과 의미가 반대인 것을 고르십시오.

7. 우리 모두 힘을 합치면 어떤 일도 할 수 있을 거예요.

① 느끼면　　　　② 나누면　　　　③ 숨기면　　　　④ 붙이면

8. 세계 경제가 안 좋아서 주가가 큰 폭으로 하락했다.

① 발달했다　　　　② 나타났다　　　　③ 상승했다　　　　④ 모자랐다

9. 회사 사정이 좋지 않아서 직원 수를 반으로 줄여야 했다.

① 채워야　　　　② 늘려야　　　　③ 변해야　　　　④ 만들어야

속담 및 관용표현

1)

가 : 와! 맛있겠다. 잘 먹겠습니다.
나 : 동철아 할아버지 오시면 먹어야지.
가 : 빨리 먹고 싶어요. 먼저 먹으면 안 돼요?
나 : **찬물도 위아래가 있다고** 했어. 기다려.

2)

가 : 이번 사업 계약서 준비 다 했어요?
나 : 네, 거의 다 됐습니다.
가 : **돌다리도 두드려 보고 건너라**는 말이 있잖아요.
　　다시 한 번 확인하고 철저하게 준비하세요.

3)

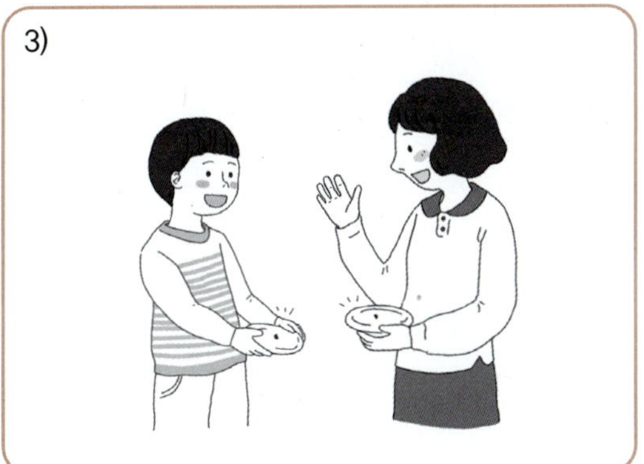

가 : 영철아. 엄마가 동생하고 나누어 먹으라고
　　했지?
나 : 죄송해요. 남겨 놓으려고 했는데 먹다 보니
　　다 먹었어요.
가 : 엄마는 영철이가 **콩 한쪽도 나누어 먹는**
　　아이였으면 좋겠다.

4)

가 : 정아야. 너는 지나보다 민정이가 더 좋다고 했지?
나 : 당연하지. 지나는 너무 이기적이거든.
가 : 그런데 왜 어제 민정이한테는 빵을 조금만
　　주고 지나한테는 많이 줬어?
나 : 하하하. **미운 놈 떡 하나 더 준다**고 하잖아.

---

1) 찬물도 위아래가 있다 : 모든 것에는 순서가 있으니 그 순서를 따라야 한다.
2) 돌다리도 두드려 보고 건너라 : 잘 알거나 확실한 일도 다시 한 번 확인해야 한다.
3) 콩 한 쪽도 나누어 먹는다 : 아무리 작은 것이라도 다른 사람과 나누어 먹어야 한다.
4) 미운 아이 떡 하나 더 준다 : 미운 사람일수록 더 잘 해 줘서 좋은 감정을 갖도록 해야 한다.

문법-화제전환 · 후회 · 기타2

❖ 문법알기

화제 전환	-기는 하지만	이 약은 맛이 **이상하기는 하지만** 효과는 정말 좋다.
	-(으)ㄴ/는 반면(에)	남을 돕는 일이 힘이 **드는 반면에** 보람은 정말 크다.
	-(으)ㄴ/는 한편	남자들은 청소를 하느라 **바쁜 한편** 여자들은 요리 준비에 정신이 없었다.
후회	-(으)ㄹ걸 그랬다	어제 좀 일찍 **잘걸 그랬다.**
	-았/었어야 했는데	어제 돈을 조금만 **썼어야 했는데** 너무 많이 썼다.
기타	-(으)로서	**친구로서** 말하는 건데 술 좀 줄이는 게 어때?
	-에 대해(서)	다음 학기에는 한국 **역사에 대해서** 공부하고 싶다.
	-에 관해(서)	어제 선생님과 졸업 후 **진로에 관해서** 상담을 했다.
	-을/를 통해(서)	요새 젊은이들은 **인터넷을 통해** 대부분의 정보를 습득한다.
	-(으)면 -(으)ㄹ 수록	풍선은 **불면 불수록** 커집니다.
	-다시피	여러분도 **알다시피** 인간은 누구나 행복해지기를 원합니다.
	-는 데	비자를 **연장하는 데는** 사진과 약간의 수수료가 필요합니다.

◈ 화제 전환

01 -기는 하지만 ★★★

앞 문장을 인정하면서 앞 문장과는 상반되는 내용을 덧붙일 때 사용한다.

어렵기는 하지만 이해하지 못할 정도는 아닙니다.
김치가 **맵기는 하지만** 맛있어서 자주 먹어요.
아침을 먹기는 했지만 좀 출출하네요.
친구이기는 하지만 아주 친한 건 아니에요.
그 친구가 **똑똑하기는 해요.**

02 -(으)ㄴ/는 반면(에)

앞의 내용과 상반되는 내용으로 화제를 전환함을 나타낸다.

그는 **똑똑한 반면에** 노력은 하지 않는다.
나는 **계획은 잘 세우는 반면** 실천은 하지 못한다.
나는 우리 팀이 이길 거라고 예상한 반면 친구는 상대 팀이 이길 거라고 예상했다.

03 -(으)ㄴ/는 한편

앞 문장의 화제를 다른 화제로 전환함을 나타낸다.

아내는 **아이들을 돌보는 한편** 밀린 집안일도 하느라고 바쁘다.
그는 **여름에는 수영을 즐기는 한편** 겨울에는 산에 오른다.
남자들은 여성의 외모를 중시하는 한편 여성들은 남성의 경제력을 중시한다.
한 쪽에서는 이야기꽃을 피우는 한편 다른 한 쪽에서는 연락처를 교환하고 있었다.

◈ 후회

04 -(으)ㄹ걸 그랬다 ★★★

과거 사실을 후회할 때 사용한다.

친구랑 **싸우지 말걸 그랬어요.**
밥을 많이 먹었는지 배가 아파요. **적당히 먹을걸 그랬어요.**
학창 시절을 **좀 더 의미 있게 보낼걸 그랬다.**
이렇게 비가 많이 올 줄 알았더라면 **그냥 집에 있을 걸 그랬어요.**

05 -았/었어야 했는데

과거의 하거나 하지 않은 행동을 후회함을 나타낸다.

어제는 **놀지 말았어야 했는데.**
친구한테 솔직히 **말했어야 했는데.**
그냥 **시간을 헛되이 보내지 말았어야 했는데.**
내가 **참았어야 했는데.**

◈ 기타2

06 –(으)로(서)

"어떤 자격이나 신분, 지위를 갖고"의 의미를 나타낸다.

남편으로서 해야 할 일과 아내로서 해야 할 일이 다르다.
선생으로서 여러분께 꼭 할 말이 있습니다.
여러분은 그 행사에 **우리 학교의 대표로서** 참석할 것입니다.
남자로서 여성과 약자를 보호하는 것은 당연하다.

07 –에 대해(서)

뒤에 나오는 내용의 대상임을 나타낸다.

저는 **과학에 대해서** 아는 게 별로 없습니다.
지금부터 **환경 보호의 중요성에 대해** 발표하겠습니다.
자기 가족에 대해 나쁘게 말하는 것은 결국 누워서 침 뱉기이다.
요즘 젊은이들은 **외모에 대한** 관심이 많습니다.

08 –에 관해(서)

"–에 대해서"와 거의 유사한 의미로 뒤에 나오는 내용의 대상임을 나타낸다.

저는 **돈에 관해서는** 별로 관심이 없습니다.
누구나 **자기 건강에 관해서** 신경을 써야 한다.
오늘 공부할 내용에 관해서 먼저 설명하겠습니다.
친구들과 **여행 준비에 관한** 이야기를 나누었다.

09 –을/를 통해(서)

어떤 것을 매개로 함을 나타낸다.

친구를 통해 고향 소식을 들었어요.
요즘은 **인터넷을 통해** 거의 모든 일을 할 수 있습니다.
칭찬을 통해 아이의 자신감을 키워야 합니다.
가요나 드라마를 통한 교육 방법이 인기를 끌고 있다.

10 –(으)면 –(으)ㄹ수록 ★★★

동작이나 상태의 정도가 심해짐을 나타낸다.

이 옷은 처음에는 별로였는데 **보면 볼수록** 예쁘네요.
그 사람을 만나면 만날수록 좋은 사람이라는 생각이 들어요.
책을 읽으면 읽을수록 세상을 보는 시각이 넓어지는 것 같아요.
그 사람을 좋아하면 할수록 제 마음만 아픈걸요.
벼는 **익을수록** 고개를 숙인다.

11 –다시피 ★★★

상대방이 인식한 내용을 다시 확인하며 이야기하거나 어떤 동작과 유사함을 나타낸다.

지도에서도 보시다시피 대전은 한국 교통의 중심지입니다.
이미 말씀드렸다시피 환경 보호는 더 이상 미룰 수 없는 문제입니다.

친구는 시험기간이면 도서관에서 **살다시피 한다.**
친구는 많이 피곤한지 의자에 **거의 눕다시피 앉았다.**

12 –는 데 ★★★

어떤 동작을 하는 것 또는 동작을 하는 경우나 상황을 나타낸다.

바둑은 **집중력을 키우는 데** 효과적이다
건강을 지키는 데는 운동이 그만이다.
이 물건들은 **그림을 그리는 데** 필요한 도구와 재료들이다.
학교까지 오는 데 시간이 얼마나 걸려요?
집을 짓는 데 예상보다 돈이 많이 들었다.

"–(으)ㄴ/는데"와 "–(으)ㄴ/는 데

＊ "–(으)ㄴ/는데"의 경우 뒤에 오는 문장과 관계가 있는 상황에 대해 설명하는, 즉 뒤 문장과 관련 있는 상황 정보를 제공할 때 사용한다.

> 어제 사무실에서 **일을 하는데** 갑자기 정전이 됐다.
>
> 평소에는 **잘 웃는데** 오늘은 웬일인지 그녀가 도무지 웃지 않는다.
>
> **책을 읽고 있는데** 친구가 자꾸 말을 걸었다.
>
> 제주도는 **한국 남쪽에 있는 섬인데** 한국에서 가장 유명한 관광지입니다.
>
> 지금 **시장에 가는데** 혹시 부탁할 게 있어요?
>
> **단어 하나만 찾으면 되는데** 사전 좀 빌려 주세요.

＊ "–는 데"는 '어떤 일을 하는 경우나 것'의 의미로 사용한다.

> **여권을 연장하는 데** 필요한 것은 무엇입니까?
>
> **이 책을 읽는 데** 이틀 쯤 걸렸다.
>
> 규칙적인 운동과 건강한 식습관은 **건강을 지키는 데** 필수적인 요소입니다.
>
> 이 광고의 목적은 **흡연의 위험성을 알리는 데** 있습니다.

> *집에서 학교까지 **오는데** 시간이 얼마나 걸려요?
>
> 집에서 학교까지 **오는 데** 시간이 얼마나 걸려요?

> 학교에 **오는데** 갑자기 소나기가 내렸어요.
>
> *학교에 **오는 데** 갑자기 소나기가 내렸어요.

＊ "데"는 명사로 '부분'이나 '곳'을 나타내는 의미로 사용하기도 한다.

> 그의 주장에는 **동의하기 어려운 데**가 좀 있다.
>
> **상처가 난 데** 바르는 약 좀 주세요.
>
> 대전에서는 **가 볼 만한 데**가 어디예요?

연습 ↵

 다음 그림을 보고 제시된 문법을 이용해서 문장을 만드십시오.

1. -(으)면 -(으)ㄹ수록

⇨

2. -기는 하지만

⇨

 제시된 문법을 이용해서 문장을 완성하십시오.

−다시피

3. 알다 / 이번 시험은 조금 어려울 테니까 열심히 공부하세요

⇨

−는 데

4. 여행을 하다 / 돈이 너무 많이 들어서 갈까 말까 고민이다.

⇨

 제시된 문법을 이용해서 밑줄 친 부분을 바꾸십시오.

−(으)ㄹ걸 그랬다

5. 이번 학기 성적이 별로 좋지 않아요. <u>더 열심히 했어야 했는데……</u>.

⇨

6~11 다음 〈보기〉의 문법을 이용해서 문장을 완성하십시오.

보기   -을/를 통해   -(으)ㄹ수록   -다시피   -기는 하지만   -(으)ㄹ 걸 그랬다   -는 데

6. 요즘 다이어트 때문에 매일 ______________ 했더니 힘이 없어 쓰러질 것 같아요. (굶다)

7. 취직하기가 어렵다고 하는데 이럴 줄 알았으면 좀 더 열심히 ______________ .(공부하다)

8. 예전에는 김치를 별로 좋아하지 않았는데 ________ 맛있어져서 요즘은 자주 먹어요. (먹다)

9. 두 사람이 잘 ______________ 결혼은 좀 더 신중하게 생각해 보는 게 어떨까요? (어울리다)

10. 장학금을 ______________ 뭐가 필요해요? (신청하다)

11. 쇼핑할 시간이 없어서 ______________ 물건을 구입했어요. (인터넷)

12~17 다음 문장을 연결하십시오.

12. 이 일이 조금 어렵기는 하지만 ☐　　　　☐ 피곤해 죽을 지경이에요.

13. 날씨가 이렇게 추울 줄 알았으면 ☐　　　　☐ 재미있어요.

14. 한국어는 배우면 배울수록 ☐　　　　☐ 월급은 많이 받을 수 있다.

15. 행복한 삶을 사는 데는 ☐　　　　☐ 옷을 더 많이 입을걸 그랬어요.

16. 매일 밤을 새우다시피 해서 ☐　　　　☐ 긍정적인 사고가 제일이다.

17. 이 직업이 힘든 반면에 ☐　　　　☐ 힘을 합치면 할 수 있을 거예요.

문제1

1~4 다음 (   )에 알맞은 것을 고르십시오.

1.

> 가 : 요즘 새로 시작한 공부는 잘돼 가요?
> 나 : 네. 처음에는 힘들었는데 (   ) 더 재미있는 것 같아요.

① 배우더라도 ② 배우려고 해도
③ 배우면 배울수록 ④ 배우기 힘들까 봐

2.

> 가 : 어제 본 연극 재미있었어요?
> 나 : 아니요, 너무 재미없어서 거의 (   ) 했어요.

① 볼지 말지 ② 볼까 말까
③ 볼 듯 말 듯 ④ 보는 둥 마는 둥

3.

> 가 : 처음에는 회사 동료들과 불편하게 (   ) 이제는 편해졌어요.
> 나 : 잘됐네요. 직장 생활에서 사람들과의 관계가 제일 중요하잖아요.

① 지내던데 ② 지내더니
③ 지냈는데 ④ 지냈을 텐데

4.

> 가 : 그동안 저를 잘 이끌어 주셔서 감사합니다.
> 나 : 뭘요. 진수 씨가 이렇게 빨리 고향으로 돌아갈 줄 알았으면 더 (   ).

① 잘해 드린 셈이에요 ② 잘해 드린 것 같아요
③ 잘해 드리기 일쑤예요 ④ 잘해 드릴걸 그랬어요

5 다음 밑줄 친 부분이 틀린 것을 고르십시오.

5. ① 물건 가격을 더 <u>하락할 걸 그랬어요</u>.

② 그녀는 <u>만나면 만날수록</u> 좋은 사람인 것 같아요.

③ 졸업한 후에는 그 친구와 연락이 <u>끊기다시피</u> 했어요.

④ 지하철이 <u>끊기기는 했지만</u> 택시는 탈 수 있을 테니까 걱정하지 마세요.

6~8   다음 밑줄 친 부분과 바꾸어 쓸 수 있는 것을 고르십시오.

6.

> 작년 겨울에는 눈이 많이 <u>왔는데</u> 이번 겨울에는 조금밖에 안 오네요.

① 와 봤자   ② 온 반면에

③ 오기 마련인데   ④ 왔다면 몰라도

7.

> 두 사람은 다른 <u>성격이긴 하지만</u> 서로를 잘 챙겨 주는 좋은 친구입니다.

① 성격이므로   ② 성격이어도

③ 성격으로 인해   ④ 성격이기 때문에

8.

> 가 : 오늘이 백화점 세일 마지막 날이라서 사람이 많았지요?
>
> 나 : 네, 발 디딜 틈도 없었어요. 그리고 좋은 물건도 거의 다 팔리고 없더라고요.
> <u>빨리 갈걸 그랬어요</u>.

① 빨리 간 것 같아요   ② 늦으면 안 되잖아요

③ 늦게 갔지만 괜찮아요   ④ 빨리 갔어야 했어요

---

9   다음 (   )에 가장 알맞은 것을 고르십시오.

9.

> 가 : 이 차가 이번에 새로 산 차예요? 진짜 비싸 보이는데 얼마예요?
>
> 나 : 조금 (   ) 예전에 타던 자동차에 비해 연비를 줄일 수 있어서 좋아요.
>
> 가 : 그렇군요. 요즘은 조금 비싸더라도 연비 좋은 차가 인기더라고요.

① 비싸서   ② 비쌀 겸

③ 비싸기는 하지만   ④ 비쌀 뿐만 아니라

---

10   다음을 읽고 (   )에 알맞은 것을 고르십시오.

10.

> 세계적인 금융 위기와 물가 폭등으로 인해 지난 6일 서울 시내 주유소들은 일제히 기름 값을 올렸다. 기름 값을 올리는 것이 원유 가격의 인상으로 인해 어쩔 수 없는 (   ) 그로 인한 부작용이 매우 심하기 때문에 당국의 조치가 필요한 실정이다.

① 선택하도록   ② 선택이니까

③ 선택해서야   ④ 선택이긴 하지만

문제2

   다음 (   )에 알맞은 것을 고르십시오.

1.

> 외국에 있는 친구들과는 (   ) 연락을 주고받는다.

① 인터넷을 통해서　　　　　　　② 인터넷에 비해서

③ 인터넷을 위해서　　　　　　　④ 인터넷에 따라서

2.

> 여러분도 (   ) 이 그림 속의 여인은 눈썹이 없습니다.

① 보시거든　　　　　　　　　　② 보시려면

③ 보시더라도　　　　　　　　　④ 보시다시피

3.

> 저는 대학원에 진학해서 한·중·일 3국의 (   ) 연구해 보고자 합니다.

① 문학에 의해서　　　　　　　　② 문학을 통해서

③ 문학에 관해서　　　　　　　　④ 문학을 위해서

4.

> 임 교수는 방학이 되면 다음 학기 수업 준비도 (   ) 다양한 봉사 활동에도 적극 참여한다.

① 게을리 하는 통에　　　　　　② 게을리 하는 대신

③ 게을리 하는 사이에　　　　　④ 게을리 하지 않는 한편

5.

> 올바른 생활 습관이야말로 건강을 (   ) 가장 중요한 요소이다.

① 지키고자　　　　　　　　　　② 지키는 데

③ 지키는 채　　　　　　　　　　④ 지킬 수 있다면

   다음 밑줄 친 부분이 틀린 것을 고르십시오.

6. ① 한국어는 <u>공부하면 할수록</u> 배울 게 많아지는 것 같다.

② 친구는 무슨 급한 일이 있는지 거의 <u>날다시피</u> 뛰어갔다.

③ 밥을 먹은 지 <u>얼마 안 됐기는</u> 하지만 왠지 배가 불렀다.

④ <u>스트레스를 푸는 데는</u> 뭐니 뭐니 해도 운동만 한 게 없다.

7. ① 봉사 활동은 힘이 <u>드는 반면에</u> 보람도 없다.

② 조금 더 참아 보라는 친구의 충고를 <u>들었어야 했는데</u> 그러지 않았다.

③ 오늘 수업 <u>내용에 대한</u> 질문은 쉬는 시간 이후에 받도록 하겠습니다.

④ 어떤 상황에서도 저는 <u>선생님으로서</u> 제 책임과 의무를 다하겠습니다.

8~10　다음 밑줄 친 부분과 바꾸어 쓸 수 있는 것을 고르십시오.

8.

여러분도 <u>봤다시피</u> 이 영화는 장애와 사회적 편견에 맞선 한 인간의 의지와 노력을 다루고 있습니다.

① 본 대로　　　　　　　　　② 본 김에

③ 볼 겸해서　　　　　　　　④ 볼 정도로

9.

이 책은 앞부분은 좀 <u>지루한 반면에</u> 뒤로 가면 갈수록 흥미진진해진다.

① 지루한 탓에　　　　　　　② 지루한 대신에

③ 지루한 경우에　　　　　　④ 지루한 동안에

10.

그녀에게 어떻게 사랑을 고백할까 고민하다 <u>편지로</u> 내 마음을 전하기로 했다.

① 편지를 위해서　　　　　　② 편지에 관해서

③ 편지를 통해서　　　　　　④ 편지에 비해서

4회 – TOPIK 어휘·문법 형성평가

1~5 다음 ( )에 알맞은 것을 고르십시오.

1. 이 장난감은 어린 아이들이 가지고 놀아도 (   ) 한다.

① 낯설다고　　　② 익숙하다고　　　③ 끊임없다고　　　④ 안전하다고

2. 힘든 상황에서도 언제나 자신감 넘치는 너의 모습이 (   ).

① 거칠다　　　② 부럽다　　　③ 드물다　　　④ 급하다

3. 1년 동안 한국에서 공부하면서 (   )무엇을 배웠는지 알 수가 없다.

① 더욱　　　② 벌써　　　③ 도대체　　　④ 반드시

4. 요즘 우리 아이가 나쁜 학생들과 (   ) 것 같아서 걱정이다.

① 뜨는　　　② 붙이는　　　③ 어울리는　　　④ 버려지는

5. 선생님께서 모든 학생들의 생일을 (   ) 주십니다.

① 줄여　　　② 챙겨　　　③ 올려　　　④ 끊겨

6~9 다음 밑줄 친 부분과 의미가 비슷한 것을 고르십시오.

6. 그 사람의 외모는 마음에 들지 않았지만 솔직한 성격이 마음에 들었다.

① 괴로운　　　② 정확한　　　③ 진솔한　　　④ 친숙한

7. 비가 금방 멈출 것 같지 않으니 오늘 야외 일정은 취소합시다.

① 섞을　　　② 멎을　　　③ 내릴　　　④ 뿌릴

8. 회사가 어려워져서 작년부터 월급이 제대로 나오지 않는다.

① 잘　　　② 미리　　　③ 아직　　　④ 적당히

9. 시험에 합격하려면 반드시 이 문법을 알아야 한다.

① 꼭　　　② 항상　　　③ 특별히　　　④ 간신히

  다음 (   )에 공통적으로 들어갈 동사를 고르십시오.

10.

> 놀이 공원에 가서 여러 가지 놀이기구를 (   ).
> 하얀 피부보다 까맣게 (   ) 피부가 더 건강해 보인다.
> 그녀가 스케이트를 (   ) 모든 사람들이 넋을 잃고 바라봤다.

① 신다　　　　② 타다　　　　③ 그리다　　　　④ 기다리다

11.

> 겨울에는 해가 일찍 (   ) 서둘러 집으로 돌아가세요.
> 경기가 안 좋아지면서 은행에 빚을 (   ) 사람이 늘고 있습니다.
> 무거운 짐을 등에 (   ) 한 참을 걸었더니 땀이 났다.

① 지다　　　　② 뜨다　　　　③ 메다　　　　④ 갚다

  다음 밑줄 친 부분과 의미가 반대인 것을 고르십시오.

12. 횡단보도가 아닌 곳에서 길을 건너면 <u>위험하다</u>.

① 갑갑하다　　　② 안전하다　　　③ 연기하다　　　④ 튼튼하다

13. 2012년부터 대학에 진학하는 학생이 <u>감소하기</u> 시작했다.

① 끊기　　　　② 멈추기　　　　③ 늘어나기　　　　④ 감량하기

  다음 (   )에 알맞은 것을 고르십시오.

14.

> 가 : 어떻게 하지요? 버스가 출발했나 봐요.
> 나 : 그러게요. 조금만 더 일찍 (   ).

① 출발했다니요　　　　　　　② 출발했거든요
③ 출발할걸 그랬어요　　　　　④ 출발할 리가 없어요

15.

> 가 : 태권도가 수준급이시던데 얼마나 배우셨어요?
> 나 : (   ) 1년밖에 안 됐어요.

① 배운 지　　　　　　　　② 배우도록
③ 배우려면　　　　　　　　④ 배우기에

16.

> 가 : 벌써 1시가 넘었는데 점심 식사부터 하실까요?
>
> 나 : 그럼, 시간도 없는데 (　　　) 먹읍시다.

① 컵라면밖에　　　　　　　　　② 컵라면이나

③ 컵라면만큼　　　　　　　　　④ 컵라면마저

17.

> 가 : 그 식당은 손님이 많지 않다고 해서 예약을 안 했는데 빈자리가 없더라고요.
>
> 나 : 그래요? 손님이 그렇게 (　　　) .

① 적을 줄 몰랐어요.　　　　　② 적을 줄 알았어요

③ 많을 줄 몰랐어요　　　　　　④ 많을 수밖에 없어요

18.

> 가 : 오랜만에 바닷가에 나오니까 상쾌하고 좋네요.
>
> 나 : 맞아요. 조금 (　　　) 자연과 하나가 되는 느낌이에요.

① 추울 정도로　　　　　　　　② 춥기만 해도

③ 춥기는 하지만　　　　　　　④ 추우면 추울수록

　　다음 중 밑줄 친 부분이 **틀린** 것을 고르십시오.

19. ① 동생이 아버지께 용돈을 <u>드립니다</u>.

　　② 할아버지께서 지금 방에 <u>계십니다</u>.

　　③ 형이 할머니를 <u>모시고</u> 공원에 갑니다.

　　④ 제가 교수님을 <u>보고</u> 말씀드리겠습니다.

20. ① 친구가 같이 밥을 <u>먹자고 했다</u>.

　　② 부모님이 언제 만날 수 <u>있으라고 했다</u>.

　　③ 친구가 바쁘니까 다시 <u>전화하겠다고 했다</u>.

　　③ 선생님께서 수업 시작 시간이 <u>9시라고 하셨다</u>.

21. ① 생일 선물은커녕 저녁 식사까지 <u>초대받았다</u>.

　　② 눈보라가 심했지만 비행기는 <u>예정대로</u> 출발하였다.

　　③ 동생은 <u>컴퓨터밖에</u> 모르기 때문에 다른 일에는 관심이 없다.

　　④ 오랫동안 닫혀 있던 공장이라서 사람이 일했었던 <u>흔적조차</u> 없었다.

22. ① 회의 결과가 어떻게 <u>나올지</u> 모르겠다.

② 이것은 싸게 <u>산 것 치고는</u> 아직 쓸 만하다.

③ 그 사람은 농구를 잘하는 <u>셈치고</u> 국가대표까지 됐다.

④ 환경을 <u>되살리는 데는</u> 생각보다 시간이 많이 걸린다.

23. ① 5분만 늦었으면 <u>지각할 뻔했다</u>.

② 피곤할 때마다 초콜릿을 <u>먹었곤 해요</u>.

③ 이곳 날씨가 이렇게 <u>더울 줄은</u> 몰랐다.

④ 그는 부모님의 뒤를 이어 회사를 <u>맡게 되었다</u>.

<table><tr><td>24~26</td><td>다음 중 밑줄 친 부분과 바꾸어 쓸 수 있는 것을 고르십시오.</td></tr></table>

24.
가 : 이번 제안서는 언제까지 제출해야 한다고요?
나 : 여러분도 <u>알다시피</u> 이번 달 말까지는 내셔야 합니다.

① 아나마나   ② 안다고 해도

③ 아는지 모르지만   ④ 아시는 바와 같이

25.
가 : 여행 잘 다녀오셨어요?
나 : <u>여행은커녕</u> 배탈이 나서 집에서 꼼짝도 못했어요.

① 여행 가더라도   ② 여행뿐만 아니라

③ 여행은 고사하고   ④ 여행가다 보니까

26.
가 : 비가 오니까 부침개가 생각나네요.
나 : 저도요. 어렸을 때 어머니께서 <u>부쳐 주시곤 했는데</u> 그 맛이 그립군요.

① 자주 부쳐 주셨는데   ② 부쳐 주시지 않았는데

③ 부쳐 주셨어야 했는데   ④ 부쳐 주셨으면 좋았을 텐데

가 : 1년 전부터 꾸준히 다이어트를 하고 있는데 (　㉠　) 체중이 줄지 않아서 속상해요.

나 : 그럼 매일 밤마다 30분씩 줄넘기를 해보세요. 시간과 노력이 적게 (　㉡　) 효과가 좋아요.

가 : 정말요? 오늘부터 당장 시작해야겠군요.

27. ㉠에 알맞은 것을 고르십시오.

　① 도무지　　　　② 간신히　　　　③ 제대로　　　　④ 아무리

28. ㉡에 알맞은 것을 고르십시오.

　① 들고서야　　　　　　　　② 들다 보면

　③ 드는 셈치고　　　　　　　④ 드는 것치고는

　　사회생활을 하다보면 마음에 맞는 사람하고만 일을 하는 것이 아닙니다. 같은 사무실에 있는 사람 중에는 나와 성격은커녕 일하는 방식도 달라서 사사건건 부딪치는 경우도 적지 않습니다. 다들 (　㉠　) 전혀 다른 성격을 가진 사람들이 함께 일하는 것은 결코 쉬운 일이 아닙니다. 그렇다고 좋은 사람하고만 일할 수 있습니까? 저는 (　㉡　) 는 말을 참 좋아합니다. 사람 마음은 다 똑 같습니다. 내가 좋아하는 사람에게만 잘 대해 주고 싶지요. 그렇지만 우리 조상들은 우리에게 그렇게만 살지 말라고 가르칩니다. 내가 싫어하는 점이 많은 사람일수록 먼저 다가가십시오. 여러분이 먼저 마음을 열면 상대도 마음을 여는 것이 인생 순리입니다. 상대가 마음을 여는 시간이 오래 걸려서 자존심 상하고 외롭더라도 포기하지 마십시오. 시간이 오래될수록 승능은 구수해집니다.

29. ㉠에 적당한 것을 고르십시오.

　① 아는데　　　　　　　　② 알더라도

　③ 아시다시피　　　　　　④ 알기는 하지만

30. ㉡에 알맞은 것을 고르십시오.

　① 소 잃고 외양간 고친다　　　　② 미운 아이 떡 하나 더 준다

　③ 콩 한쪽도 나누어 먹는다　　　　④ 떡 줄 사람은 생각도 않는다

부록

불규칙 • 피동 • 사동 • 간접화법

불규칙

▶ 어간이 "ㅅ"으로 끝나는 동사, 형용사 중에는 뒤에 모음이 올 때 "ㅅ"이 탈락하는 것과 그렇지 않은 것이 있다.

1 뒤에 모음이 오면 "ㅅ"이 탈락하는 동사, 형용사
: 낫다, 젓다, 짓다, 긋다, 붓다, 잇다 등

병이 빨리 <u>낫게</u> 푹 쉬세요.
감기 때문에 고생했는데 이제는 다 <u>나았어요</u>.
오늘 같은 날에는 치마를 입는 게 더 <u>나아요</u>.

그는 아니라는 의미로 고개를 <u>저었어요</u>.
물과 커피를 넣고 잘 <u>저어서</u> 드세요.

돈을 많이 벌어서 고향에 멋진 집을 <u>지었으면</u> 좋겠어요.
제 이름은 우리 아버지께서 <u>지어</u> 주셨습니다.
어머니께서는 밥을 <u>짓고</u> 계신 것 같아요.

공책에 줄을 <u>그을</u> 때는 자를 이용해서 <u>그으세요</u>.

컵라면은 뜨거운 물만 <u>부으면</u> 되니까 참 편리해요.
어제 많이 걸었더니 다리가 좀 <u>부었네요</u>.

섬과 섬을 <u>잇기</u> 위한 다리 공사가 진행 중입니다.
앞 사람에 <u>이어서</u> 제가 발표를 계속하겠습니다.

2 뒤에 모음이 와도 "ㅅ"이 탈락하지 않는 동사 : 벗다, 웃다, 빗다, 씻다 등

너무 더워서 옷을 <u>벗었어요</u>.
어제는 친구 때문에 얼마나 <u>웃었는지</u> 몰라요.
어머니는 매일 딸의 머리를 정성스럽게 <u>빗어</u> 주셨다.
밥을 먹기 전에 손을 잘 <u>씻어야</u> 합니다.

▶ 어간이 "ㄹ"로 끝나는 동사나 형용사들은 뒤에 "ㄴ, ㅂ, ㅅ"이 오면 "ㄹ"이 탈락하며 "–(으)–"가 붙지 않는다.

불규칙

알다, 만들다, 살다, 놀다, 떠들다, 불다, 줄다, 늘다, 달다, 길다 등

거기는 제가 잘 <u>아는</u> 곳입니다.
제가 그 사람의 이름을 <u>압니다</u>.
혹시 선생님 전화번호를 <u>아세요</u>?
내일 약속 시간이 몇 시인지 <u>알면</u> 좀 가르쳐 주세요.
내 친구는 김치의 종류에 대해 잘 <u>안다</u>.

바람이 <u>부니까</u> 좀 춥네요.
지금 <u>사는</u> 곳이 어디에요?
이렇게 아름다운 곳에 <u>살면</u> 좋겠어요.
아이들이 <u>떠드니까</u> 다른 곳에 가서 이야기합시다.
숙제를 끝내고 즐겁게 <u>놉시다</u>.
식당 손님이 <u>줄면서</u> 수입이 눈에 띄게 줄어들었다.
몸무게가 갑자기 <u>느니까</u> 활동하기가 좀 불편하네요.

너무 <u>단</u> 음식은 치아 건강에 좋지 않습니다.
이 바지가 너에게는 좀 <u>기니까</u> 줄여서 입어.

---

3. ㄷ 불규칙

▶ 어간이 "ㄷ"으로 끝나는 동사 중에는 뒤에 모음이 오면 "ㄷ"이 "ㄹ"로 변하는 동사들이 있다.

1 뒤에 모음이 오면 "ㄷ"이 "ㄹ"로 변하는 동사 : 듣다, 걷다, 묻다(질문하다), 싣다, 깨닫다

음악을 <u>들으면서</u> 공부를 합니다.
어제는 집에서 학교까지 <u>걸어서</u> 왔습니다.
모르는 게 있으면 선생님에게 <u>물어</u> 보세요.
이사를 하기 위해서 트럭에 짐을 <u>실었습니다</u>.
한참 생각한 후에야 비로소 그 말의 의미를 <u>깨달았습니다</u>.

2 뒤에 모음이 와도 "ㄷ"이 "ㄹ"로 변하지 않는 동사 : 받다, 믿다, 닫다, 얻다

선생님께 선물을 <u>받아서</u> 기분이 정말 좋아요.
그 친구의 말은 무엇이든 <u>믿을</u> 거예요.
미안하지만 문 좀 <u>닫아</u> 주세요.
이건 친구에게서 <u>얻은</u> 거예요.

---

3. ㅂ 불규칙

▶ 어간이 "ㅂ"으로 끝나는 동사, 형용사 중에는 뒤에 모음이 오면 "ㅂ"이 "오/우"로 바뀌는 것들이 있다.

① 뒤에 모음이 오면 "ㅂ"이 "오/우"로 바뀌는 동사, 형용사 : 눕다, 돕다, 덥다, 춥다, 어렵다, 쉽다, 맵다, 귀엽다, 아름답다, 밉다

<u>누워서</u> 책을 보는 것은 좋은 습관이 아닙니다.
미안하지만 좀 <u>도와줄</u> 수 있어요?
너무 <u>더우니까</u> 에어컨을 좀 켭시다.
날씨가 <u>추워지면</u> 따뜻한 음식이 생각납니다.
문제가 <u>어려웠지만</u> 최선을 다해서 풀었습니다.
시험 문제가 좀 <u>쉬웠으면</u> 좋겠어요.
스트레스가 쌓이면 <u>매운</u> 음식을 먹곤 합니다.
공원에서 뛰어노는 아이들이 정말 <u>귀여워요</u>.
제주도는 <u>아름다운</u> 경치로 유명한 곳이다.
아무리 귀여운 아이들이라도 <u>미운</u> 짓을 할 때가 있다.

② 뒤에 모음이 와도 "ㅂ"이 "오/우"로 바뀌지 않는 동사 : 입다, 잡다, 씹다, 좁다

옷을 많이 <u>입었더니</u> 좀 더워요.
친구는 내 손을 <u>잡으며</u> 나를 위로했다.
수업 시간에는 껌을 <u>씹으면</u> 안 돼요.
3명이 살기에는 방이 <u>좁아서</u> 불편해요.

4. ㅎ 불규칙

▶ "ㅎ"으로 끝나는 형용사 중에 "ㅡ"로 시작되는 "ㅡ(으)니까, ㅡ(으)면"등과 결합하면 'ㅎ'이 탈락하고 "ㅏ/ㅓ"와 결합하면 'ㅎ'이 탈락하고 "ㅣ"가 첨가되는 것들이 있다.

1 뒤에 나오는 모음에 따라 변화하는 형용사 : 그렇다, 까맣다, 노랗다, 빨갛다, 파랗다, 하얗다, 어떻다

상황이 <u>그러면</u> 어쩔 수 없지요.
바닷가에 갔다 왔더니 얼굴이 <u>까매졌어요</u>.
저는 봄에 피는 <u>노란</u> 개나리를 좋아해요.
화가 나서 그런지 얼굴이 <u>빨개요</u>.
천장이 <u>파라니까</u> 꼭 하늘을 보는 것 같아요.
<u>하얀</u> 얼굴보다는 <u>까만</u> 얼굴이 건강해 보인다.
어제 소개 받은 남자는 <u>어땠어요?</u>

2 뒤에 모음이 나와도 변하지 않는 동사, 형용사 : 놓다, 넣다, 쌓다, 좋다, 싫다, 괜찮다, 많다

손잡이를 <u>놓으면</u> 위험하니까 꼭 잡고 계시기 바랍니다.
선생님께 받은 명함을 지갑에 <u>넣어</u> 두었다.
책상 위에 공부할 책을 <u>쌓아</u> 두었다.
<u>좋으면</u> 좋다고 하고 <u>싫으면</u> 싫다고 분명하게 말하는 것이 좋다.
내일 시간이 <u>괜찮으면</u> 시내에 나가려고 합니다.
돈이 <u>많으면</u> 뭘 하고 싶어요?

---

5. 르 불규칙

▶ 어간이 "르"로 끝나는 동사 중에는 뒤에 모음 "어/아"가 오면 모음 'ㅡ'가 탈락하고 'ㄹ'이 첨가되는 동사들이 있다.

1 뒤에 모음 "어/아"가 오면 변하는 동사, 형용사 : 자르다, 바르다, 누르다, 고르다, 부르다, 모르다, 다르다, 빠르다

날씨가 더워져서 머리를 짧게 잘랐어요.
손에서 피가 나서 약을 발랐습니다.
이 단추를 누르면 문이 열립니다.
어떤 옷이 저에게 더 잘 어울리는지 골라 주세요.
배가 불러서 더 이상 먹을 수 없었다.
우울할 때면 노래방에 가서 노래를 불러요.
버스를 어디에서 타는지 몰라서 지나가는 사람들에게 물어 보았습니다.
한국 문화와 중국 문화는 많이 달라요.
한국에 온 게 어제 같은데 벌써 졸업이라니 시간이 참 빨라요.

② 뒤에 모음 "어/아"가 와도 변하지 않는 동사 : 따르다, 치르다

여행지에 도착한 후에는 안내자를 따라 이곳저곳을 둘러 봤어요.
어제 치른 졸업 시험은 어려웠어요.

피동

1 보다-보이다, 놓다-놓이다, 쌓다-쌓이다, 쓰다-쓰이다

창문을 열면 아름다운 산과 강이 <u>보입니다</u>.
책상 위에 <u>놓여</u> 있는 음료수는 누가 마시던 거예요?
밤새 눈이 와서 온 세상에 하얗게 눈이 <u>쌓였어요</u>.
이 모델이 요새 많이 <u>쓰이는</u> 제품입니다.

2 읽다-읽히다, 닫다-닫히다, 막다-막히다, 잡다-잡히다

베스트셀러란 사람들에게 많이 <u>읽히는</u> 책입니다.
오후 5시에 은행에 갔더니 이미 문이 <u>닫혀</u> 있었습니다.
출퇴근 시간에는 차들이 많아져 늘 도로가 <u>막힙니다</u>.
드디어 그 범인이 경찰에게 <u>잡혔다고</u> 하네요.

3 듣다-들리다, 밀다-밀리다, 열다-열리다, 풀다-풀리다, 팔다-팔리다, 걸다-걸리다

밖에서 이상한 소리가 <u>들려서</u> 나가 보니 새끼고양이가 울고 있었다.
지하철에서 사람들에게 <u>밀려</u> 옆 사람의 발을 밟고 말았다.
집에 갔는데 문이 <u>열려</u> 있어서 깜짝 놀랐어요.
오랜만에 친구들과 운동을 했더니 스트레스가 다 <u>풀렸다</u>.
장마철이 되니 제습용품이 많이 <u>팔린다고</u> 한다.
저기 <u>걸려</u> 있는 사진 속 사람이 남자 친구예요?

4 끊다-끊기다, 찢다-찢기다, 안다-안기다, 쫓다-쫓기다, 뺏다(빼앗다)-뺏기다(빼앗기다)

친구와 전화를 하는데 갑자기 <u>끊겼다</u>.
얼마 전에 산 옷이 못에 걸려 <u>찢겼다</u>.
아기가 엄마 품에 <u>안겨서</u> 잠을 자고 있네요.
어제는 호랑이에게 <u>쫓기는</u> 꿈을 꿨어요.
수업 시간에 게임을 하다가 선생님께 휴대전화를 <u>빼앗겼어요</u>.

5 켜다-켜지다, 끄다-꺼지다, 깨다-꺼지다, 이루다-이루어지다, 만들다-만들어지다

발표 중에 갑자기 컴퓨터가 꺼져서 당황했습니다.
설거지를 하다가 접시를 떨어뜨려 깨졌습니다.
토픽 6급 합격이라는 제 꿈이 드디어 이뤄졌습니다.
이 옷은 비단으로 만들어졌으니 세탁기로 빠시면 안 됩니다.

사동

1 보다-보이다, 죽다-죽이다, 속다-속이다, 줄다-줄이다, 붙다-붙이다, 녹다-녹이다, 끓다-끓이다, 높다-높이다, 먹다-먹이다

도서관에 들어가려면 학생증을 보여 주어야 합니다.
그녀는 마음이 착해 모기도 죽이지 못한다.
거짓말로 다른 사람을 속이는 것은 올바른 행동이 아닙니다.
살을 빼기 위해서 식사량을 조금 줄이기로 했습니다.
상처가 난 곳에 반창고를 붙였다.
요리를 하려고 봤더니 고기가 얼어서 녹여야 했다.
몸을 녹이기 위해서 차를 끓여서 마셨다.
자신을 높이기 위해서는 다른 사람을 높여야 한다.
엄마가 아이에게 우유를 먹이는 모습이 정겹다.

2 앉다-앉히다, 눕다-눕히다, 좁다-좁히다, 밝다-밝히다, 넓다-넓히다, 읽다-읽히다, 입다-입히다, 업다-업히다

선생님은 뛰어 다니는 아이들을 의자에 앉혔다.
의사는 환자를 침대에 눕히고 다친 곳을 살펴보기 시작했다.
양측은 오랜 회의를 통해 의견 차이를 좁혀 나갔다.
대통령은 이번 사업의 목표와 과정을 국민들에게 밝힐 예정이다.
주민들의 끊임없는 요구에 시청은 도로를 넓히기로 결정했다.
시력이 나쁘신 할아버지는 내게 편지를 읽히고는 하셨다.
손을 다친 친구를 위해 친구에게 옷을 입혀 주었다.

3 얼다-얼리다, 살다-살리다, 늘다-늘리다, 울다-울리다, 날다-날리다, 돌다-돌리다, 놀다-놀리다, 알다-알리다

물을 얼리려고 냉장고에 넣어 두었다.
부모는 의사에게 아이를 살려 달라고 애원했다.
오빠는 여동생을 놀려서 자주 울리더니 결국 어머니께 혼이 났다.
어렸을 때 종이비행기를 날리며 놀았다.
이 문은 손잡이를 돌려야 열립니다.
외모 때문에 다른 사람을 놀리는 것은 올바른 행동이 아닙니다.
선생님께서는 우리들에게 여행 일정에 대해 알려 주셨다.

④ 맡다-맡기다, 웃다-웃기다, 남다-남기다, 숨다-숨기다, 신다-신기다, 씻다-씻기다, 빗다-빗기다, 벗다-벗기다, 감다-감기다

친구에게 가방을 <u>맡기고</u> 화장실에 다녀왔다.
<u>웃기는</u> 이야기로 분위기를 바꾸는 것도 그의 큰 장점이다.
음식이 입에 안 맞아서 <u>남길</u> 수밖에 없었어요.
친구는 내가 방에 들어가자 읽고 있던 것을 등 뒤로 <u>숨겼다</u>.
엄마는 놀다가 들어온 아이의 옷을 <u>벗긴</u> 후 깨끗하게 <u>씻겼다</u>.

⑤ 서다-세우다, 타다-태우다, 자다-재우다, 차다-채우다, 쓰다-씌우다, 깨다-깨우다, 비다-비우다

마침 빈 택시가 지나가기에 택시를 <u>세우고</u> 친구를 <u>태웠다</u>.
아빠는 자장가를 불러 아이들을 <u>재우려고</u> 했다.
엄마는 햇빛이 강렬해 아이들에게 모자를 <u>씌웠다</u>.
친구는 아침마다 늦잠을 자는 나를 <u>깨웠다</u>.
그는 배가 고팠는지 밥그릇을 깨끗하게 <u>비웠다</u>.

간접화법

① -ㄴ/는다고 하다 : 동사 현재

선생님께서는 매일 신문을 <u>읽는다고</u> 하셨습니다.
은정 씨는 치마를 자주 <u>입는다고</u> 해요.
친구는 기숙사에 <u>산다고</u> 해요.
철수 씨는 운동을 자주 <u>한다고</u> 했어요.
다음 주 수요일에 시험을 <u>본다고</u> 합니다.
존 씨는 매운 음식을 <u>좋아하지 않는다고</u> 해요.

② -(이)라고 하다 : 명사-이다 현재, 아니다 현재

제 한국 친구는 고향이 <u>인천이라고</u> 해요.
졸업식은 다음 달 <u>19일이라고</u> 합니다.
철수 씨는 취미가 <u>요리라고</u> 해요.
친구가 오후에는 쇼핑을 <u>할 거라고</u> 했어요.
일기예보에서 내일은 비가 <u>올 거라고</u> 해요.
은정 씨는 이번 일은 자기 잘못이 <u>아니라고</u> 했어요.

③ -다고 하다 : 1)과 2)를 제외한 모든 경우

철수 씨가 오늘은 시간이 <u>많다고</u> 해요.
은정 씨는 요새 좀 <u>바쁘다고</u> 하니까 오늘 만날 수 없을 거예요.
친구는 김치를 만들어 보고 <u>싶다고</u> 합니다.
선생님께서 문제가 <u>어렵지 않다고</u> 하셨어요.
사람들이 그 영화가 <u>재미있다고</u> 하던데요.
친구가 지금은 돈이 <u>없다고</u> 하네요.
지각한 친구가 내일은 일찍 <u>오겠다고</u> 해요.
동생이 어제 연예인을 <u>만났다고</u> 했어요.
그 사람이 예전에는 축구 <u>선수였다고</u> 해요.
어제 우리가 본 사람은 마이클 씨의 여자 친구가 <u>아니었다고</u> 해요.

간접화법

1 -냐고 하다 : 명사-이다, 어간이 "ㄹ"로 끝나거나 받침이 없는 형용사, 아니다, 형용사 + "-(으)시-", "-았/었-", "-겠-" 뒤에 쓰인다.

선생님께서 내게 취미가 <u>뭐냐고</u> 물으셨다.
철수 씨는 우리 고향에서 제일 유명한 것이 <u>무엇이냐고</u> 했다.
동생에게 뭐가 <u>필요하냐고</u> 물어봤지만 대답이 없었다.
의사가 기분이 <u>어떠냐고</u> 해서 좋다고 대답하였다.
은정 씨가 저 사람이 내 친구가 <u>아니냐고</u> 물었다.
할머니께 어디가 <u>편찮으시냐고</u> 여쭤봤습니다.
친구에게 어제 본 영화가 <u>어땠냐고</u> 질문했습니다.
김 대리는 내일 얼마나 <u>바쁘겠냐고</u> 물었다.

2 -으냐고 하다 : 받침이 있는 형용사 뒤에 쓰인다.

친구는 제게 숙제가 <u>많으냐고</u> 해요.
선생님께서 한국어가 <u>어려우냐고</u> 물으셨습니다.
여자 친구는 자기의 어떤 부분이 <u>좋으냐고</u> 해서 그냥 웃었습니다.

3 -느냐고 하다 : 동사, 있다, 없다, 계시다, 동사 + "-(으)시-", "-았/었-", "-겠-" 뒤에 쓰인다.

친구에게 언제 고향에 <u>가느냐고</u> 물었다.
선생님은 내게 무슨 책을 <u>읽느냐고</u> 질문하셨다.
같은 반 친구에게 오늘은 숙제가 <u>없느냐고</u> 물어 봤습니다.
동생은 내게 어떤 영화가 <u>재미있느냐고</u> 했다.
아버지께 몇 시쯤에 <u>돌아오시겠느냐고</u> 여쭤 보았다.
동생은 내게 아침을 <u>먹었느냐고</u> 물었다.
어머니와 함께 식당에 가서 뭘 <u>드시겠느냐고</u> 여쭤 봤습니다.

간접화법

① -자고 하다

은정 씨가 오후에 같이 밥을 <u>먹자고</u> 해요.
친구들이 시험공부를 같이 <u>하자고</u> 해서 이따 도서관에서 만나기로 했어요.
남자 친구가 당분간은 <u>만나지 말자고</u> 했어요.
친구들과 수업시간에는 <u>떠들지 말자고</u> 약속했어요.

---

① -(으)라고 하다

식당 아주머니가 우리에게 맛있게 <u>먹으라고</u> 하셨어요.
친구는 추우니까 문을 <u>닫으라고</u> 했어요.
어머니께서는 자기 일을 스스로 <u>하라고</u> 하셨어요.
자고 있는데 친구가 빨리 <u>일어나라고</u> 했어요.
선생님께서 수업 시간에는 휴대 전화를 <u>사용하지 말라고</u> 하셨어요.

② "달라고 하다"와 "주라고 하다" : "주세요."의 경우 화자가 어떤 것을 직접 받거나 그 행동의 직접적인 수혜자가 될 경우에는 "달라고 하다"를 쓰고 그렇지 않을 경우에는 "주라고 하다"를 쓴다.

약사에게 머리가 아플 때 먹는 약을 <u>달라고</u> 했어요.
은정 씨가 내게 사전을 <u>빌려 달라고</u> 했어요.
마이클 씨는 내게 아사코 씨를 기숙사까지 <u>데려다 주라고</u> 부탁했어요.
선생님께서 내게 옆에 앉은 친구를 <u>도와주라고</u> 하셨어요.

1과

〈어휘〉 연습 1
1) 아끼기 2) 마치고 3) 막았다. 4) 얻었다. 5) 알아듣게 6) 놓치지

〈어휘〉 연습 2
1) 미세요. 2) 떨어져서 3) 세우기 위해 4) 절약할 수 있다.

〈어휘〉 문제
1. ④ 2. ① 3. ③ 4. ④ 5. ④ 6. ② 7. ② 8. ④ 9. ①

〈문법〉 연습
1. 숙제를 하느라고 늦게 잤다. 2. 부모님을 배웅하느라고 약속을 못 지켰다. 3. 갑자기 비가 오는 바람에 옷이 흠뻑 젖었다. 4. 버스가 갑자기 멈추는 바람에 넘어질 뻔했다. 5. 기침이 나기에 병원에서 진찰을 받았어요. 6. 어제 술을 많이 마신탓에 머리가 아프다. 7. 태풍으로 인해서 나무가 뽑혔어요. 8. 떠든 탓이에요. 9. 시험으로 인해 10. 하기에 11. 나오느라고 12. 쓴 탓에 13. 하느라고 14. 도착하는 바람에 15. 샤워를 하느라고 16. 잘못 타는 바람에 17. 건물이 무너졌어요. 18. 정신이 없어요. 19. 최선을 다 하세요. 20. 소화가 잘 안 돼요.

〈문법〉 문제 1
1. ④ 2. ④ 3. ② 4. ③ 5. ④ 6. ③ 7. ③ 8. ② 9. ④ 10. ①

〈문법〉 문제 2
1. ③ 2. ④ 3. ③ 4. ④ 5. ① 6. ③ 7. ② 8. ④ 9. ③ 10. ①

2과

〈어휘〉 연습 1
1) 고장이 2) 기대가 3) 습관은 4) 노력을 5) 관심을 6) 의견이

〈어휘〉 연습 2

1) 끊었다. 2) 받고 3) 생각을 4) 소망이

〈어휘〉 문제

1. ④ 2. ③ 3. ① 4. ② 5. ④ 6. ① 7. ① 8. ② 9. ②

〈문법〉 연습

1. 피곤해도 숙제를 해야 한다. 2. 비가 와도 여행을 갈 것이다. 3. 바쁘더라도 부모님 생신 선물을 살 거예요. 4. 내가 조금 늦더라도 기다려 주세요. 5. 내가 돈이 많다면 가난한 사람들을 도와줄 거예요. 6. 시험이 끝나거든 같이 영화를 봐요. 7. 해도/했어도 8. 공부했더라면 9. 가도/가더라도 10. 잃지 않는다면 11. 구하거든 12. 음식이 맛이 없어도/없더라도 많이 드세요. 13. 그 사람에게 편지를 써도 답장이 안 왔다. 14. 그 일이 재미 없어도/재미없더라도 관심을 갖고 꾸준히 하겠다. 15. 먼저 출발하세요. 16. 정말 행복할 것이다. 17. 건강이 나빠질 거예요. 18. 졸업할 수 있다. 19. 문이 닫혔을 거예요.

〈문법〉 문제 1

1. ③ 2. ③ 3. ① 4. ③ 5. ① 6. ① 7. ④ 8. ① 9. ① 10. ②

〈문법〉 문제 2

1. ① 2. ④ 3. ② 4. ③ 5. ① 6. ② 7. ② 8. ② 9. ④ 10. ①

3과

〈어휘〉 연습 1

1) 어둡다. 2) 싱싱한 3) 튼튼해야 4) 다양한 5) 부끄러워서 6) 올바르게

〈어휘〉 연습 2

1) 쓸쓸하다. 2) 잡았다. 3) 감지 4) 참신할 뿐만 아니라

〈어휘〉 문제

1. ② 2. ② 3. ① 4. ② 5. ④ 6. ① 7. ② 8. ① 9. ②

〈문법〉 연습

1. 민수가 정아 씨가 고향으로 돌아간다고 했어요. 2. 영민이가 내일 숙제가 뭐냐고 해요. 3. 혜영이가 오늘 수업 끝나고 같이 저녁을 먹자고 했어요. 4. 선생님께서 숙제를 내일까지 꼭 제출하라고 하셨어요. 5. 가수처럼 노래를 잘해요. 6. 집이 물에 잠길 정도로 비가 많이 왔어요. 7. 도서관에서 공부하는 김에 책도 빌렸어요. 8. 6월 10일이라고 하셨어요. 9. 아침에 아르바이트를 한다고 해요. 10. 언제까지 내느냐고 했어요. 11. 밥을 먹자고 했어요. 12. 올 거라고 해요./온다고 해요. 13. 가는 길에 14. 만난 김에 15. 오는 길에 16. 나올 정도로 17. 쓰러질 지경이에요. 18. 쓰듯이 19. 한국 사람처럼 20. 넘도록

〈문법〉 문제 1

1. ② 2. ① 3. ④ 4. ① 5. ④ 6. ② 7. ③ 8. ① 9. ③ 10. ②

〈문법〉 문제 2

1. ① 2. ③ 3. ② 4. ① 5. ④ 6. ③ 7. ① 8. ④ 9. ③ 10. ②

〈1회〉 TOPIK 어휘 문법 형성평가

1. ③ 2. ② 3. ③ 4. ① 5. ④ 6. ② 7. ① 8. ④ 9. ③ 10. ④ 11. ① 12. ① 13. ① 14. ① 15. ②
16. ③ 17. ④ 18. ③ 19. ② 20. ① 21. ① 22. ③ 23. ② 24. ③ 25. ① 26. ① 27. ② 28. ② 29. ③ 30. ②

4과

〈어휘〉 연습 1

1) 별로 2) 뜻밖에 3) 마치 4) 겨우 5) 일부러 6) 괜히

〈어휘〉 연습 2

1) 부었다. 2) 막 3) 맞췄는데 4) 의외로

〈어휘〉 문제

1. ② 2. ④ 3. ① 4. ④ 5. ② 6. ② 7. ② 8. ②

〈문법〉 연습

1. 열려 있어서 2. 막혀서 3. 뺏겨서 4. 김 과장이야말로 이번 일을 맡기기에 적당한 사람이다. 5. 열심히 공부했지만 시험에 떨어지고 말았다. 6. 버스에서 내리자마자 비가 왔다. 7. 돌아오자마자 8. 놓치고 말았어요. 9. 제주도야말로 10. 이겨 내고 11. 밀려서 12. 끊겼다. 13. 뽑혔다. 14. 물렸다. 15. 써진다. 16. 밝혀졌다. 17. 지워졌다. 18. X 19. X 20. O

〈문법〉 문제 1

1. ③ 2. ④ 3. ③ 4. ③ 5. ② 6. ④ 7. ② 8. ① 9. ③ 10. ③

〈문법〉 문제 2

1. ④ 2. ② 3. ② 4. ③ 5. ① 6. ② 7. ① 8. ③ 9. ④ 10. ③

5과

〈어휘〉 연습 1

1) 남았다. 2) 모아서 3) 지키기 4) 느낄 5) 숨겼다. 6) 성장했다.

〈어휘〉 연습 2

1) 보호해야 한다. 2) 든다. 3) 보살펴 4) 맡은

〈어휘〉 문제

1. ② 2. ① 3. ② 4. ③ 5. ④ 6. ④ 7. ② 8. ① 9. ①

〈문법〉 연습

1. 재운다. 2. 세운다. 3. 읽힌다. 4. 여행을 가려고 돈을 미리 찾아 두었다./놓았다. 5. 한국어를 3년 전부터 배워 왔다. 6. 졸업하면 취직을 하려고 한다. 7. 세워 놓고(두고) 8. 만나 왔어요 9. 올려 두면 10. 되어 갑니다. 11. 하려고 합니다. 12. 끓였어요. 13. 앉혔어요. 14. 읽히셨어요. 15. 알렸어요. 16. 숨겼어요. 17. 먹게 하세요. 18. 하게 하세요. 19. 갈까 한다. 20. 나가려던 참이었는데

〈문법〉 문제 1

1. ① 2. ④ 3. ④ 4. ① 5. ② 6. ③ 7. ② 8. ① 9. ④ 10. ④

〈문법〉 문제 2

1. ② 2. ④ 3. ④ 4. ① 5. ③ 6. ① 7. ① 8. ④ 9. ② 10. ④

6과

〈어휘〉 연습 1

1) 고민이 2) 계획이다. 3) 순서가 4) 성격이 5) 능력이 6) 역할이

〈어휘〉 연습 2

1) 틈으로 2) 가려서 3) 자격을 4) 맞아서

〈어휘〉 문제

1. ③ 2. ④ 3. ② 4. ③ 5. ① 6. ④ 7. ② 8. ③ 9. ②

〈문법〉 연습

1. 서울은 사람도 많은 데다가 차도 많아요. 2. 친한 친구조차 고향에 돌아갔어요. 3. 친구 사이일 뿐이다. 4. 복습했을 뿐인데 5. 약속을 잊어버리지 않도록 수첩에 메모를 했어요. 6. 비행기 시간에 늦지 않도록 서둘러서 떠납시다. 7. 않도록 8. 풀 겸해서 9. 일어난 데다가 10. 흘릴 뿐이었다. 11. 치고는 12. 마저/조차 13. 밖에 14. 조차/마저 15. 얼굴도 잘 생겼다. 16. 준비를 잘해야 합니다. 17. 없습니다. 18. 일찍 출발하겠습니다. 19. 우체국에 갔어요. 20. 우리 모두 알고 있다.

〈문법〉 문제 1

1. ④ 2. ① 3. ② 4. ③ 5. ④ 6. ④ 7. ③ 8. ④ 9. ② 10. ①

〈문법〉 문제 2

1. ④ 2. ① 3. ④ 4. ④ 5. ② 6. ④ 7. ③ 8. ② 9. ① 10. ③

〈2회〉 TOPIK 어휘 문법 형성평가

1. ① 2. ③ 3. ② 4. ④ 5. ① 6. ② 7. ① 8. ① 9. ④ 10. ① 11. ② 12. ② 13. ④ 14. ② 15. ① 16. ③ 17. ④ 18. ① 19. ② 20. ③ 21. ② 22. ③ 23. ③ 24. ③ 25. ④ 26. ① 27. ③ 28. ① 29. ③ 30. ③

7과

〈어휘〉 연습 1

1) 훌륭하다고 2) 흐려서 3) 평범한 4) 충분하다고 5) 안타까운 6) 틀림없다.

〈어휘〉 연습 2

1) 해롭다고 2) 심한 3) 뜨기로 4) 깨지는 바람에

〈어휘〉 문제

1. ② 2. ③ 3. ④ 4. ② 5. ③ 6. ① 7. ③ 8. ② 9. ④

〈문법〉 연습

1. 부지런한 셈이다. 2. 잘 본 셈이다. 3. 일을 만하다. 4. 사용할 만하다. 5. 여름 방학 때 여행을 가든지 한국어를 공부하든지 할 거예요. 6. 나쁜 짓을 하면 경찰에게 잡히는 법이다. 7. 참을 만한데 8. 생기는 법이다. 9. 하든지 10. 산 셈이다. 11. '미녀는 괴로워'가 볼 만해요. 12. 여행을 가든지 집에서 쉬려고요. 13. 결과도 좋은 법이에요. 14. 데이트를 한 셈이에요. 15. 듣고 보니 모든 게 이해됐다. 16. 할지 여행을 할지 고민이다. 17. 헤어질 리가 없어요. 18. 훨씬 예뻐 보이네요. 19. 자주하는 편이에요. 20. 외국인도 먹을 만해요.

〈문법〉 문제 1

1. ① 2. ③ 3. ④ 4. ② 5. ① 6. ① 7. ① 8. ① 9. ③ 10. ④

〈문법〉 문제 2

1. ② 2. ④ 3. ③ 4. ④ 5. ③ 6. ① 7. ② 8. ③ 9. ③ 10. ①

8과

〈어휘〉 연습 1

1) 제법 2) 오히려 3) 자세히 4) 혹시 5) 자꾸 6) 분명히

〈어휘〉 연습 2

1) 마침내 2) 꽤 3) 지어 4) 뽑아야 한다.

〈어휘〉 문제

1. ① 2. ③ 3. ② 4. ④ 5. ① 6. ② 7. ③ 8. ①

〈문법〉 연습

1. 이 일은 김 대리가 제일 잘 할 텐데 김 대리에게 맡기세요. 2. 시험에 떨어질까 봐 걱정했는데 합격해서 다행입니다. 3. 이 일을 오늘 다 하기에는 시간이 부족하니까 내일까지 합시다. 4. 날씨에 따라서 옷차림이 달라집니다. 5. 두 사람이 싸웠나 봐요. 6. 끝내기에는 7. 있나 봐요. 8. 잊어버리실까 봐 9. 결과에 따라서 10. 시작했을 텐데 11. 기분이 달라져요. 12. 학생들이 다 갔나 봐요. 13. 우산을 가져 왔어요. 14. 어떡하지요? 15. 너무 많아요. 16. 어려울 텐데 어떡하지요? 17. 잠을 못 잤나 봐요?

〈문법〉 문제 1

1. ② 2. ③ 3. ① 4. ② 5. ④ 6. ③ 7. ① 8. ① 9. ③ 10. ②

〈문법〉 문제 2

1. ④ 2. ③ 3. ② 4. ① 5. ④ 6. ③ 7. ③ 8. ① 9. ② 10. ③

9과

〈어휘〉 연습 1

1) 떠오른다. 2) 표현해야 3) 담을 4) 찾아서 5) 가꾸기 6) 푼다.

〈어휘〉 연습 2

1) 올려야 한다. 2) 나서 3) 감췄다. 4) 선택했다.

〈어휘〉 문제

1. ④ 2. ④ 3. ② 4. ② 5. ④ 6. ③ 7. ② 8. ③ 9. ④

〈문법〉 연습

1. 아까 바쁘게 뛰어가던데 무슨 일이 있어요? 2. 그 친구가 다음 주에 외국으로 유학 간다고 하던데 같이 식사나 합시다. 3. 그 사람은 부지런하고 성실해서 성공할 수밖에 없다. 4. 돈을 절약하지 않고 마음대로 쓰면 가난해 질 수밖에 없다. 5. 어제 갔던 커피숍으로 갑시다. 7. 열심히 운동해서 날씬해졌어요. 8. 가꾼 9. 가던데 10. 쓰던 11. 쉬워졌어요. 12. 변할 수밖에 없어요. 13. 견디더니 14. 풀던 15. 샀던 16. 하더니 17. 했더니 18. O 19. X 20. O 21. X 22. O

〈문법〉 문제 1

1. ① 2. ② 3. ④ 4. ④ 5. ④ 6. ① 7. ③ 8. ② 9. ④ 10. ①

〈문법〉 문제 2

3. ④ 2. ③ 3. ③ 4. ② 5. ④ 6. ② 7. ② 8. ① 9. ④ 10. ③

〈3회〉 TOPIK 어휘 문법 형성평가
1. ② 2. ① 3. ④ 4. ④ 5. ④ 6. ③ 7. ④ 8. ① 9. ④ 10. ② 11. ① 12. ② 13. ③ 14. ② 15. ④
16. ① 17. ④ 18. ③ 19. ③ 20. ③ 21. ② 22. ① 23. ① 24. ② 25. ③ 26. ② 27. ③ 28. ② 29. ④ 30. ④

10과

〈어휘〉 연습 1
1) 곱다. 2) 솔직하게 3) 답답하다. 4) 가득하다. 5) 낯선 6) 안전한

〈어휘〉 연습 2
1) 느긋한 2) 힘들지 3) 지기 4) 따라

〈어휘〉 문제
4. ④ 2. ③ 3. ③ 4. ③ 5. ① 6. ① 7. ② 8. ④ 9. ④

〈문법〉 연습
1. 외국은 커녕 저주도에도 못 가 봤어요. 2. 백화점 물건치고는 싼 편이에요. 3. 맵지 않기는요.
4. 라면이나 먹읍시다. 5. 전화 드린 지 일주일이 되었다. 6. 영화나 7. 차치고는 8. 잘하기는요.
9. 다닌 지 10. 만원은커녕 11. 오는지 → 온 지 12. 자세히 보면 주름이 얼마나 많은데요. 13. 지하실보다 더 위험한 것 같아요. 14. 발음이 참 좋아요. 15. 부모님을 못 만난 지 5년이 되었어요.

〈문법〉 문제 1
1. ② 2. ③ 3. ④ 4. ③ 5. ④ 6. ② 7. ④ 8. ① 9. ① 10. ③

〈문법〉 문제 2
1. ② 2. ① 3. ③ 4. ③ 5. ③ 6. ④ 7. ③ 8. ④ 9. ① 10. ②

11과

〈어휘〉 연습 1
1) 설마 2) 가끔 3)제대로 4) 아직 5) 대부분 6) 특히

〈어휘〉 연습 2
1) 타버려서 2) 겨우 3) 이따금 4) 구하기가

〈어휘〉 문제
1. ① 2. ③ 3. ② 4. ③ 5. ① 6. ③ 7. ④ 8. ①

〈문법〉 연습
1. 길을 건너다가 사고가 날 뻔했어요. 2. 피곤하면 커피를 마시곤 해요. 3. 그 사람이 그렇게 돈이 많을 줄 몰랐어요. 4. 이 돈은 그냥 없는 셈치고 부모님 여행을 보내드릴 계획입니다. 5. 사야 할지 6. 먹었는지 7. 만나곤 해요. 8. 사는지 9. 못 볼 줄 알았는데 10. 일할지 11. 잃어버린 셈 치고 12. 셈 치고 13. 셈 치겠습니다. 14. 먹는지 15. 끝까지 모른 체 했다. 16. 실수하기 십상이다. 17. 가족사진을 보곤 합니다. 18. 이렇게 더울 줄 몰랐어요. 19. 어머니가 해주신 것만 못하다. 20. 밥 먹는 것도 잊게 된다.

〈문법〉 문제 1
1. ② 2. ④ 3. ① 4. ④ 5. ③ 6. ① 7. ③ 8. ③ 9. ④ 10. ②

〈문법〉 문제 2
1. ② 2. ① 3. ② 4. ④ 5. ③ 6. ③ 7. ① 8. ② 9. ② 10. ③

12과

〈어휘〉 연습 1
1) 꺼냈다. 2) 챙겨야 한다. 3) 뜨기 4) 지내고 5) 쓰러져서 6) 붙여

〈어휘〉 연습 2

1) 남기고 2) 내려 3) 보내는 4) 떼어서

〈어휘〉 문제

1. ② 2. ② 3. ③ 4. ② 5.① 6.③ 7.② 8. ③ 9.②

〈문법〉 연습

1. 그 남자는 만나면 만날수록 좋아져요. 2. 이 자동차는 비싸기는 하지만 성능은 좋아요. 3. 알다시피 이번 시험은 어려울 테니까 열심히 공부하세요. 4. 여행을 하는 데 돈이 너무 많이 들어서 갈까 말까 고민이다. 5. 더 열심히 할 걸 그랬어요. 6. 굶다시피 7. 공부할 걸 그랬어요. 8. 먹을수록 9. 어울리기는 하지만 10. 신청하는 데 11. 인터넷을 통해서 12. 힘을 합치면 할 수 있을 거예요. 13. 옷을 더 많이 입을 걸 그랬어요. 14. 재미있어요. 15. 긍정적인 사고가 제일이다. 16. 피곤해 죽을 지경이에요. 17. 월급은 많이 받을 수 있다.

〈문법〉 문제 1

1.③ 2. ④ 3. ③ 4. ④ 5.① 6. ② 7. ② 8. ④ 9. ③ 10. ④

〈문법〉 문제 2

1. ① 2. ④ 3. ③ 4. ④ 5. ② 6.③ 7. ① 8. ① 9.② 10. ③

〈4회〉 TOPIK 어휘 문법 형성평가

1. ④ 2. ② 3. ③ 4. ③ 5. ② 6. ③ 7. ② 8. ① 9. ① 10. ② 11. ① 12. ② 13. ③ 14. ③ 15. ① 16. ② 17. ③ 18. ③ 19. ④ 20. ② 21.① 22. ③ 23. ② 24. ④ 25.③ 26.① 27.① 28.④ 29.③ 30.②